italiana

degustis

Publicado en 2003 por Advanced Marketing, S. de R.L. de C.V.
Bajo el sello Degustis

Publicado por primera vez en 2001
© 2001 The Foundry

© 2003 Advanced Marketing, S. de R.L. de C.V.
Aztecas # 33 Col. Sta. Cruz Acatlán
Naucalpan, C.P. 53150 Estado de México
México

ISBN: 970-718-068-4

01 02 04 05   03 04 05 06 07

Impreso en Italia / Printed in Italy

RECONOCIMIENTOS:

Autores: Catherine Atkinson, Juliet Barker, Liz Martin, Gina Steer, Carol Tennant,
Mari Mererid Williams y Elizabeth Wolf-Cohen
Asesora editorial: Gina Steer
Editora del proyecto: Karen Fitzpatrick
Fotografía: Colin Bowling, Paul Forrester y Stephen Brayne
Economistas Domésticas y productoras gastronómicas: Jacqueline Bellefontaine,
Mandy Phipps, Vicki Smallwood y Penny Stephens
Equipo de diseño: Helen Courtney, Jennifer Bishop, Lucy Bradbury y Chris Herbert

Todos los accesorios fueron proporcionados por Barbara Stewart, de Surfaces.
Traducción: Jean Paul Baher.

NOTA:

Los bebés, personas de edad avanzada, mujeres embarazadas y cualquier persona que
padezca alguna enfermedad deben evitar los platillos preparados con huevos crudos.

Un agradecimiento especial a todos los involucrados en la publicación de este libro, particularmente a
Karen Fitzpatrick y Gina Steer.

Contenido

PESCADOS

CARNES

AVES Y CARNES

VERDURAS

POSTRES

Higiene en la Cocina

Se debe tener en cuenta que muchos alimentos pueden traer algún tipo de bacterias. En casi todos los casos, lo peor que puede pasar es un leve envenenamiento o gastroenteritis, pero para ciertos grupos de personas esto puede ser más grave; el riesgo se puede reducir o eliminar con buena higiene y cocción correcta.

No compre alimentos con fecha de caducidad pasada y ciertamente no los consuma. Cuando compre alimento use la nariz y los ojos. Si los alimentos se ven desgastados, flojos, con mal color o mal olor, definitivamente no los compre.

Tome precauciones especiales al preparar carne cruda o pescado. Use diferentes tablas para picar en cada caso. Lave el cuchillo, la tabla y sus manos antes de manejar o preparar cualquier otra comida.

Regularmente vacíe, limpie y deshiele el refrigerador y el congelador. Revise el empaque de sus comestibles para cerciorarse cuánto tiempo pueden quedar congelados.

Evite manejar alimentos si se encuentra mal del estómago. Las bacterias se pueden trasmitir al preparar los alimentos.

Los secadores y toallas de cocina deben lavarse y cambiarse con frecuencia. Lo mejor es usar toallas desechables diariamente. Las toallas de tela deben remojarse en blanqueador y luego lavarse a máquina con agua hirviendo.

Mantenga sus manos, los utensilios de cocina y las superficies de preparación de comidas limpias y no permita que sus mascotas suban a cualquier zona de trabajo.

COMPRAS

De ser posible, no compre al por mayor, especialmente productos frescos como carnes, aves, pescados y verduras. La comida fresca pierde rápidamente sus valores nutritivos por lo que estas pérdidas se reducen al comprar en menor volúmen. También se evita tener el refrigerador lleno, con lo que se logra mayor efectividad en el proceso de refrigeración.

Al comprar alimentos empaquetados, como latas, botes de crema y yogurt, verifique que el empaque esté intacto y sin daño alguno. Las latas no deben tener abolladuras o perforaciones, ni deben estar oxidadas. Verifique la fecha de caducidad aun en latas o empaques de alimentos secos, tales como harina y arroz. Almacene los alimentos frescos en el refrigerador lo más pronto posible, no los deje en el coche u oficina.

Al comprar alimentos congelados, asegúrese de que no estén cubiertos de escarcha y que los contenidos se sientan completamente congelados. Asegure que los productos congelados estén almacenados en el nivel del congelador correcto y que la temperatura esté debajo de -18°C/-64°F. Lleve su mercancía en bolsas térmicas y colóquela en el congelador lo más pronto posible.

PREPARACIÓN

Asegúrese que todas las superficies de trabajo estén limpias y secas. La limpieza tiene que tener la prioridad siempre. Se deberán usar distintas tablas de picar para carnes, pescados y verduras frescas o cocidas. Hoy en día se encuentra una gran variedad de tablas de plástico de buena calidad y de muchos diseños y tamaños. Esto facilita su identificación y tiene la ventaja higiénica de que pueden ser lavadas a altas temperaturas en la lavavajillas. (NOTA: si usa la tabla para pescados, primero lávela con agua fría y después con agua caliente para evitar malos

olores.) Recuerde que los cuchillos y utensilios siempre deben lavarse muy bien después de usarlos.

Al cocinar, tenga particular cuidado de separar la comida cruda de la cocida para evitar cualquier contaminación. Se deben lavar todas las frutas y vegetales aun si se van a cocinar. Esta regla también se debe aplicar a hierbas y ensaladas que se compran pre lavadas.

No recaliente la comida más de una vez. Si usa horno de microondas, siempre verifique que la comida esté bien caliente hasta el fondo del recipiente. (En teoría, los alimentos deben llegar a los 70°C/158°F y la cocción debe durar por lo menos tres minutos para matar todas las bacterias.)

Todas las aves deben ser descongeladas antes de usarse, incluyendo el pollo y otras aves de corral. Retire del congelador los alimentos que quiere descongelar y colóquelos en una fuente que almacene sus jugos. Deje la comida en el refrigerador hasta que esté completamente descongelada. Un pollo entero de 1.4 kg/3 lb tarda de 26 a 30 horas en descongelarse. Para acelerar este proceso ponga el pollo en agua fría pero asegúrese de cambiar el agua con frecuencia. Cuando las articulaciones del pollo se puedan mover libremente y no queden cristales de hielo en su interior, el ave está lista.

Una vez descongelado, quite la envoltura y seque el pollo. Colóquelo en un plato poco profundo, cúbralo y almacénelo en la parte baja del refrigerador. El pollo se deberá cocinar lo más pronto posible.

Algunos alimentos pueden ser cocinados todavía congelados, incluyendo muchas comidas preparadas tales como sopas, salsas, cacerolas y panes. Si es aplicable, siga las instrucciones del fabricante.

Los vegetales y las frutas también se pueden cocinar congelados, pero las carnes y pescados deben descongelarse. Las comidas únicamente se pueden volver a congelar después de haber sido completamente descongeladas y cocidas. Una vez que se enfríen, se pueden volver a congelar y se pueden guardar hasta un mes.

Todas las aves de corral y de caza (excepto el pato) deben ser cocidas completamente. Cuando termine la cocción, los jugos de la parte mas gruesa del ave saldrán claros –la mejor parte para revisar es el muslo–. Otras carnes, tales como la picada y la del puerco, deben cocerse por completo. Los pescados ya cocinados tendrán un color opaco y una textura firme, y se deben poder romper en pedazos grandes.

Para recalentar sobras, asegúrese que se calienten bien y que cualquier jugo o sopa llegue al punto de hervor antes de servir.

ALMACENAMIENTO, REFRIGERACIÓN Y CONGELAMIENTO

Las carnes, aves, pescados y lácteos deben refrigerarse. La temperatura del refrigerador debe estar entre 1-5°C/ 34-41°F, mientras que la temperatura del congelador no debe subir de -18°C/-64°F.

Para asegurar la óptima temperatura del refrigerador y del congelador, evite dejar la puerta abierta por tiempos prolongados.

Evite sobrecargar el refrigerador, pues esto reduce el flujo de aire y disminuye la efectividad del enfriamiento.

Cuando refrigere comida cocida, permita que ésta se enfríe rápida y completamente antes de refrigerar. La comida caliente sube la temperatura del refrigerador y puede dañar otras comidas dentro del mismo.

La comida en el refrigerador o congelador siempre debe estar tapada. Mantenga los alimentos cocidos separados de los crudos. La comida cocida debe acomodarse en los estantes superiores, mientras que la carne, las aves y los pescados crudos se deben acomodar en la estantería inferior para evitar goteos que causen contaminación. Recomendamos que se refrigeren los huevos para mantenerlos frescos y para que duren más.

Tenga cuidado de que los alimentos congelados no queden en el congelador por mucho tiempo. Los vegetales desinfectados pueden conservarse un mes. Las carnes de res, cordero, aves y puerco se pueden conservarse seis meses, y los vegetales no desinfectados y frutas en almíbar, por un año. Los peces grasos y el chorizo pueden conservarse por tres meses. Los productos lácteos duran de cuatro a seis meses y las galletas y pasteles, de tres a seis meses.

ALIMENTOS DE ALTO RIESGO

Ciertos alimentos pueden ser de alto riesgo para personas de la tercera edad, mujeres embarazadas, bebés, niños pequeños y personas con enfermedades crónicas.

Recomendamos evitar los alimentos mencionados en la siguiente lista, puesto que pertenecen a los alimentos de alto riesgo.

Existe la posibilidad de que los huevos transmitan salmonelosis. Se deben cocinar hasta que la clara y la yema queden firmes. para eliminar éste riesgo, tenga especial cuidado con platillos o productos que contienen huevos crudos o ligeramente cocidos. Éstos deben ser eliminados de la dieta.

Las salsas, incluyendo la holandesa y la mayonesa, y también las mousses, los suflés, los merengues, los helados, los sorbetes y las natillas, todos contienen huevos crudos o ligeramente cocidos, por lo que son alimentos de alto riesgo que los grupos vulnerables deben evitar.

Ciertas carnes y aves también presentan la posibilidad de transmitir salmonelosis, por lo que se deben cocinar completamente hasta que broten sus jugos libremente y no quede ninguna parte rosada. Los productos no pasteurizados, como la leche, los quesos (especialmente quesos suaves), el paté y las carnes (crudas o cocidas) presentan el riesgo de transmitir listeriosis y deben evitarse.

Compre pescados de proveedores de confianza que tengan mucha rotación de producto para garantizar la frescura de los alimentos. El pescado debe tener los ojos brillantes y limpios, la piel brillante y las agallas rosadas. El cuerpo se debe sentir duro al tacto y debe tener un olor suave a mar y a yodo. La carne de los filetes de pescado debe ser traslúcida sin ningún decoloramiento. Los moluscos bivalvos, tales como mejillones y vieiras, se venden vivos y frescos. Evite los que estén abiertos o los que no se cierran al recibir un pequeño golpe. Igualmente, los moluscos univalvos deben introducirse a sus caracoles al recibir un pequeño golpe. Cuando escoja calamares o pulpos, asegúrese de que la carne esté firme y que desprendan un agradable aroma de mar.

Se debe tener cuidado al refrigerar todos los productos del mar, peces o moluscos. Es obligatorio verificar que éstos no se congelaron anteriormente. Si así es, no se deben volver a congelar bajo ninguna circunstancia.

Ingredientes Frescos

La cocina Italiana es muy popular en todo el mundo, y los ingredientes italianos básicos para la alacena se encuentran en todos los supermercados. Hasta los ingredientes frescos que eran difíciles de encontrar, ahora están disponibles todo el año y a menudo en partes del mundo en donde antes jamás se había oído hablar de ellos. Para quienes les gusta la cocina y la comida italiana, estas son buenas noticias: la auténtica y deliciosa comida italiana puede disfrutarse en cualquier parte y todo el año.

QUESOS

Dolcelatte Este queso, que significa "leche dulce", es de Lombardía. Es cremoso, azul y tiene un suculento sabor dulce. Es muy suave y se derrite en la boca, y frecuentemente atrae a quienes no gustan de quesos tradicionales azules fuertes, como el roquefort y gorgonzola.

Fontina Es un queso denso, suave, ligeramente elástico y de color paja en su interior. Proviene del Valle d'Aosta y tiene un delicado sabor a nuez con sugerencias de miel. Con frecuencia se sirve fundido, caso en el que adquiere un sabor terroso.

Gorgonzola Este es un queso azul tradicional de la región de Lombardía. Hecho con leche de vaca, este queso tiene un penetrante sabor y es suculento y cremoso.

Mascarpone Técnicamente no es un queso sino un producto derivado de la producción de queso parmesano. Se agrega un cultivo a la crema que se desnató de la leche al producir el queso. Después se calienta suavemente y se le deja madurar y espesar. Es famoso por ser el principal ingrediente del Tiramisu, pero también es un versátil ingrediente y se usa en toda clase de recetas sabrosas y dulces.

Mozzarella di Bufala Es un queso fresco, más apreciado por su textura que por su sabor muy suave. Se derrite muy bien en pizzas y en platos de pasta. También es sabroso servido frío en ensaladas. Generalmente se vende en tubos junto con su suero. Su textura debe ser blanda más que elástica. Cuanto más fresco, mejor.

Parmigiano-Reggiano Es de los más finos del mundo y uno de los más versátiles en la cocina. Su producción se regula cuidadosamente para garantizar una alta calidad consistente. La marca comercial está grabada en toda la corteza para que hasta el más pequeño trozo se identifique fácilmente. Se debe comprar en piezas, no rallado.

Pecorino Este es el término genérico que se usa para todos los quesos de leche de oveja. Todos son excelentes para usarlos rallados o desmenuzados sobre platos fríos o calientes. Cada tipo de pecorino es característico de una región particular y de una cría particular de ovejas. El pecorino romano se produce en el campo cerca de Roma entre noviembre y fines de junio. El pecorino sardo se produce en Cerdeña y el pecorino toscano es de la Toscana y tiende a madurar antes que los otros pecorinos.

Ricotta Cuando se produce queso, los sólidos de la leche se separan de los líquidos por coagulación. Sin embargo, algunos sólidos se pierden en el suero. Para recuperarlos se calienta la leche hasta que suban los sólidos, mismos que se retiran y se secan en canastas tejidas hasta que cohesionen. El resultado es el queso ricotta (que quiere decir "recocido"). El ricotta de buena calidad es firme pero no sólido y está compuesto de granos finos y delicados. Se usa en platillos dulces o salados.

CARNES CURADAS

Coppa Este hueso del hombro del puerco es enrollado y curado con sal, pimienta y nuez moscada, y se deja madurar tres meses. Tiene un sabor similar al prosciutto pero contiene cantidades iguales de grasa y carne magra. Es excelente para engrasar las pechugas de aves de caza, a las que les agrega sabor y grasa, o para envolver carnes menos grasas.

Pancetta Esencialmente es tocino italiano marmoleado pero su sabor es muy superior a otros tocinos. Con frecuencia se sazona con hierbas, clavo, nuez moscada, ajo, sal y pimienta, y a veces con semillas de hinojo. Se usa rebanado o en tiras.

Prosciutto Hay muchos tipos de jamón curado, pero los dos mejores son el prosciutto de San Daniele y el de Parma. El primero es de la región de Friuli, donde los cerdos se alimentan en el campo o en los bosques de roble por lo que su carne es magra. El otro, también conocido como jamón de Parma o prosciutto crudo, se produce con carne de cerdos alimentados con granos y con el suero que queda de la producción del Parmigiano-Reggiano. Esta carne es más grasa.

Salami Italia produce una variedad inmensa de salami, cada una con su propio carácter regional. Se consigue en casi todos los supermercados.

VERDURAS Y HIERBAS

Ajo Es uno de los sabores más importantes de la cocina de Italia. Compre ajo con cabezas firmes sin partes blandas. En la primavera busque ajos verdes frescos.

Alcachofas Muy populares en la cocina italiana, las hay en muchas variedades y formas: desde pequeñas y tiernas que se cocinan y comen enteras, hasta enormes alcachofas globo muy apreciadas por sus corazones carnosos que se pueden rebanar, rellenar o asar. Con frecuencia se cocinan y se conservan para servirlas como antipasto, en pizzas o en pastas.

Arúgula Esta apimientada hoja de ensalada se ha vuelto muy popular en años recientes y es fácil de encontrar. Se conoce también cómo rucola, rughetta y roquete. Se marchita rápidamente.

Berenjenas Son muy populares en todo el Mediterráneo, posiblemente por su afinidad con el aceite de oliva y el ajo.

Calabazas y calabacines La cocina de Italia usa gran variedad de calabazas y calabacitas. Son excelentes para enriquecer guisados —algunas variedades tienden a deshacerse durante la cocción—. Se usan también en risottos y relleno de pastas. Son muy afines con prosciutto, salvia, piñones, queso parmesano y mostarda di cremona (vea la sección de Ingredientes secos).

Cavallo Nero Miembro de la familia de las coles, el cavallo nero tiene hojas rígidas, largas y delgadas de un color verde oscuro. Tienen sabor a col dulzona fuerte. Se pueden encontrar en

grandes supermercados o sustituir con col de Saboya.

Habas Las habas frescas son una apreciada especialidad al principio del verano y en Italia se comen crudas con queso pecorino. Conforme avanza la temporada, saben mejor cocinadas y peladas, ya que se ponen gruesas y granosas.

Hierbas En la cocina de Italia se usa un gran número de hierbas, pero las más importantes son albahaca, perejil, romero, salvia, mejorana y orégano. Estas hierbas se usan en gran cantidad y se encuentran en los supermercados. También las puede cultivar fácilmente incluso en su balcón.

Hongos silvestres Recolectar hongos es un negocio muy popular y lucrativo en Italia. Hay leyes estrictas que regulan el tamaño mínimo de hongos que se pueden recolectar. Si desea buscar hongos silvestres, obtenga asesoría de algún experto, pues muchos hongos son altamente venenosos. En los supermercados se pueden encontrar hongos silvestres, pero son muy caros.

Limón El limón de Italia tiende a ser más dulce que el de otras partes. Es un sabor esencial en muchos platillos dulces y en pescados.

Tomates Proporcionan otro sabor esencial en la cocina de Italia. Es mejor usar tomates únicamente durante su temporada o, en su defecto, compre tomates envasados.

PAN

El pan de Italia tiende a ser grueso y de textura abierta. Está hecho con harinas integrales y se deja en reposo un buen rato para desarrollar su sabor. El pan de Italia también tiende a tener el exterior más crujiente. Busque panes pugliese o ciabatta. El foccacia, un popular pan de corteza suave, se puede sazonar con hierbas, ajo o tomates secados al sol.

PESCADOS Y MARISCOS

Italia tiene costas muy grandes en proporción a su tamaño y por tanto la comida del mar es muy popular. Hay gran variedad de peces y mariscos, y en grandes fiestas, como bodas o celebraciones importantes, siempre hay un tiempo en el que se sirve pescado.

CARNES, AVES Y CAZA

Los italianos están entre los grandes comedores de carne en el mundo. La mayoría de las comidas se basan en algún tipo de carne. Las más populares son carne de res, pollo, puerco y cordero. También son comunes la carne de pato, faisán, gallina de guinea, conejo, pichón, ternera y muchos tipos de menudencias.

Ingredientes Secos

Al igual que los ingredientes frescos, muchos ingredientes secos antes no disponibles ahora se venden en supermercados y tiendas de abarrotes. La mayoría de los ingredientes secos se mantienen bien y vale la pena tenerlos en la alacena.

Aceitunas Crecen por toda Italia y son el sinónimo de cocina italiana. Se encuentran en supermercados, pero vale la pena buscarlas en tiendas especializadas que pueden tenerlas en conservas con sabores interesantes. Si tiene la suerte de encontrarlas frescas, báñelas en una salmuera muy fuerte por dos semanas y después enjuáguelas y consérvelas en aceite y con los sabores de su gusto.

Alcaparras Son los botones de la flor de un arbusto del Mediterráneo. Las alcaparras se venden saladas o conservadas en vinagre. Las pequeñas generalmente tienen mejor sabor que las grandes. Cuando use alcaparras saladas, es importante remojarlas y enjuagarlas para quitarles el exceso de sal. Las conservadas en vinagre también se deben escurrir y enjuagar antes de usar.

Anchoas Vienen en varias formas y son un ingrediente esencial de la cocina italiana. Las anchoas se pueden usar como sazonador en muchas recetas. Las anchoas saladas que se venden en botellas se deben enjuagar bien para quitarles el exceso de sal. Si son anchoas

enteras hay que quitarles la cabeza y los huesos antes de usarlas. Si vienen en conserva de aceite, retírelas del mismo y escúrralas con papel absorbente de cocina. Algunas recetas requieren que se bañen en leche por 10-15 minutos (para que los filetes queden menos salados y aceitosos) y esto causa que se derritan al cocinar. No bañe las anchoas en leche si se van a usar crudas en una ensalada, por ejemplo.

Bottarga Es la hueva de atún o lisa secada al sol. Se encuentra en tiendas de ultramarinos (la bottarga de atún tiene un sabor menos delicado). El spaghetti con bottarga de lisa, aceite de oliva y hojuelas de chile se encuentra en todos los menús de restaurantes de Cerdeña. Se puede rallar finamente la bottarga para una ensalada de hinojo crudo, jugo de limón y aceite de oliva.

Café Los italianos prefieren café tostado oscuro y son los pioneros del capuchino y el espresso. Es mejor comprar granos enteros, recién tostados, y molerlos en la casa según se necesita.

Cáscara cristalizada Los cítricos tienen un papel importante en la cocina italiana. Las cáscaras de frutas cristalizadas se encuentran en todo tipo de postres. Cómprelas enteras y píquelas finamente para obtener el mejor sabor.

Frijoles borlotti Son grandes y redondos, y al cocinarse toman un uniforme color café. Tienen textura cremosa y sirven muy bien en sopas y guisados.

Frijoles cannellini Estos son frijoles largos y esbeltos de textura cremosa. Absorben sabores muy bien, especialmente del ajo, de las hierbas y del aceite de oliva.

Garbanzos En italiano "ceci", son originales del Medio Oriente. Si los compra secos, busque los grandes. Son excelentes en sopas y en platillos de verduras. Requieren mucho tiempo para cocinar.

Habas Se encuentran secas, enteras, con piel o partidas. Las enteras son excelentes en sopas. Las partidas son populares en Europa del Este, en Grecia y en Turquía, donde se usan para platillos como el falafel.

Harina En la mayoría de las recetas italianas que requieren harina, uno puede usar harina simple. Sin embargo, trate de usar harina tipo "Tipo 00" para pizzas y masa de pasta, puesto que es la ideal para estos platillos por ser muy

fina y fuerte. Si no la encuentra, sustituya con harina fuerte para pan.

Hierbas secas Hoy en día la mayoría de las recetas piden hierbas frescas, pero las hierbas secas todavía tienen su lugar. El orégano se seca muy bien y su sabor en seco es menos astringente. Es esencial en salsas de tomate. Otras hierbas que secan bien son el romero, la salvia y el tomillo. No se puede sustituir la albahaca fresca por la seca.

Hongos secos El más común, abundante y menos caro es el porcini. Se vende en bolsas de 10 g, que es suficiente para 1 o 2 recetas. Se deben remojar en agua

casi hirviendo o en caldo por 20–30 minutos, hasta que estén suaves. Exprima cuidadosamente todo exceso de líquido –todavía estarán calientes– y pique según se necesite. Reserve el caldo, que contiene mucho sabor pero debe ser colado, puesto que puede tener tierra.

Legumbres secas Las legumbres son fuente excelente de carbohidratos y también contienen proteínas, lo que las hace muy útiles para los vegetarianos. Todas las legumbres secas reciben el mismo tratamiento: remojar en agua (de 2 a 3 veces más agua que su volumen) toda la noche, escurrir y volver a cubrir con agua fresca. Subir al hervor y hervir 10 minutos, reducir la temperatura y hervir suave hasta que estén tiernas (consulte la envoltura para verificar tiempos de cocción). No agregue sal sino hasta después de cocinar, puesto que la sal endurece la piel. Los italianos usan muchas legumbres diferentes y lentejas.

Lentejas Las mejores son las lentejas de Puy, si las puede encontrar. No son Italianas, pero de todas las lentejas son las que más sabor tienen. Se cultivan en Francia y en Canadá. Hay lentejas parecidas en Umbría, llamadas castellucio. Son pequeñas y de un hermoso color que va de café verdoso a azul. Al cocinarse, conservan su forma, lo que facilita servirlas como guarnición, aderezadas simplemente con aceite de oliva. Las lentejas se sirven

tradicionalmente con Bollito Mixto, un platillo famoso de Año Nuevo que contiene varias carnes, lentejas y mostarda di cremona (véase abajo).

Mostarda di cremona También se conoce como mostarda di frutta. Se prepara con frutas confitadas tales como duraznos, chabacanos, peras, higos y cerezas que se han conservado en un almíbar de miel, vino blanco y mostaza. Se encuentra en los grandes supermercados y en tiendas especializadas.

Nueces Las almendras, avellanas, nueces y pistaches son populares en la cocina de Italia, particularmente en recetas de postres. Cómprelas en tiendas con mucha rotación de mercancía para asegurar su frescura.

Panettone Generalmente se encuentra durante la época navideña. Es un pan dulce, enriquecido con huevos y mantequilla, muy similar al brioche francés. Generalmente se sazona con frutas cítricas confitadas pero también se encuentra sencillo. Se conserva muy bien y es delicioso tostado y con mantequilla. También se usa para hacer budines de mantequilla.

Pasas Italia es un gran país productor de uvas, por lo que no es sorprendente encontrar pasas, junto con frutas cítricas, en muchas de sus recetas. Busque pasas llenas y jugosas. Compre únicamente las que necesita porque si las guarda mucho tiempo se azucaran.

Piñones Son el ingrediente esencial del pesto. Se encuentran en todo tipo de recetas italianas, saladas o dulces. Se consiguen fácilmente y son deliciosos tostados y mezclados con pasta. Se queman fácilmente, por lo que se debe tener cuidado al tostarlos.

Puré de tomates secados al sol Como sugiere su nombre, esta pasta se prepara

con tomates secados al sol. Úsela igual que el puré de tomates. A veces se le agregan otros sabores, tales como hierbas o ajo, y en ese caso se puede usar como aderezo en ensaladas o mezclado con pesto para aderezar pasta.

Soletas de amaretti Estas pequeñas, deliciosas y crujientes soletas se hacen con almendras y se parecen mucho a los macarrones. Vienen envueltas individualmente en hermoso papel y son muy buenas para comerlas solas o con un vino dulce de postre. También son un útil ingrediente en postres, pues les agregan sabor y una textura crujiente.

Tomates enlatados Se hace una buena salsa con tomates maduros, o, si son enlatados, los mejores son los chicos. El vegetal debe ser de color rojo profundo y el líquido espeso y no aguado. Se compran enteros o cortados.

Tomates secados al sol Ahora se los ve por todos lados pero hasta 1980 solo se encontraban en Italia. Son tomates maduros que se secan al sol. Con frecuencia se hidratan remojándolos en agua y se conservan en aceite. Para usarlos, sencillamente escurra en papel absorbente de cocina y pique según necesite. También hay disponibles tomates semisecos que tienen un sabor más dulce y fresco y cuya textura es más suave y con menos pellejo. Si encuentra tomates secados al sol pero sin aceite, acomódelos en un recipiente tapado con agua hirviendo por 30 minutos o hasta que queden suaves antes de usarlos.

Pasta, Arroz y Polenta

PASTA

En todo el mundo, la cocina italiana se percibe como un sinónimo de pasta. Por supuesto que los italianos usan muchos otros ingredientes, pero la pasta es sin duda uno de los más versátiles carbohidratos, si no el más popular. Se encuentra pasta en gran variedad de formas y las empresas continuamente producen nuevos y más imaginativos tipos de pasta.

Escoger el tipo correcto de pasta no es tan difícil como parece. Las salsas cremosas, pesadas o grumosas requieren el apoyo de formas más fuertes y gruesas, tales como los moños, tubos o conchas. Las salsas a base de aceite se llevan mejor con pastas largas y delgadas, como spaghetti o linguini.

Casi toda la pasta seca se hace simplemente con harina y agua, se le da forma y se deja secar. A veces la masa se enriquece con huevo, en cuyo caso la envoltura dice all'uovo. Estas pastas tienen un sabor más fuerte que las que no se hacen con huevo y pueden ser más caras.

También hay disponibles pastas secas con sabores. Las de espinaca y tomate son muy populares, pero también hay pastas con sabor a tinta de calamar, champiñones, hierbas, chiles y ajo. Al comprar o preparar salsas para acompañar estas pastas, escoja cuidadosamente, puesto que los sabores sutiles pueden ser eclipsados por sabores más fuertes.

Las pastas frescas se venden en cualquier supermercado y también se encuentran con sabores. Nuevamente la espinaca y el tomate son los sabores más comunes. Las pastas rellenas son muy útiles porque requieren una salsa muy sencilla para lucirlas: un poco de mantequilla, parmesano rallado y pimienta negra recién molida puede ser todo lo que se necesite.

Los cocineros más aventurados pueden hacer su propia pasta. La receta es sencilla y consiste esencialmente de harina y huevos, pero lograr una masa que no sea ni muy húmeda ni pegajosa o muy seca o muy frágil es un poco más difícil. Se necesitarán uno o dos intentos para tener éxito.

Hay varios métodos para mezclar y amasar la masa: a mano, en un procesador o batidora o con una máquina para hacer pasta.

RECETA BÁSICA PARA PASTA FRESCA

225 g/8 oz de harina italiana
'00', semolina de grano duro o
harina de trigo
2 huevos grandes y 1 yema
1 cucharada de aceite de oliva
½ cucharadita de sal

A mano

Acomode la harina en forma de monte en una superficie de trabajo limpia. En el centro del monte haga un hueco, dejando los costados altos para que no se escurra el huevo. Agregue los huevos y la yema, el aceite de oliva y la sal. Primero con un tenedor y después con las manos, mezcle gradualmente la harina con el líquido hasta que se forme una pasta gruesa. Agregue más harina si la mezcla es demasiado pegajosa o un poco de agua si está demasiado seca.

En esta etapa, trabaje la masa con la palma de la mano por 10 minutos o

hasta que la masa quede suave y elástica. Se sentirá como cuero suave. Si está toda pegajosa, agregue amasando más harina. Si no está elástica, agregue un poco de agua. Envuelva en plástico autoadherible y deje en reposo 30 minutos. En este paso se puede congelar la masa hasta por cuatro semanas. No deje la masa en el refrigerador más de unas horas, puesto que la superficie se oxida y aparecen manchas oscuras. No son dañinas pero sí resultan poco atractivas.

Con procesador o batidora

Vierta todos los ingredientes en el recipiente del aparato equipado con una cuchilla mezcladora plástica o en la batidora equipada con gancho amasador. En el procesador mezcle los ingredientes usando el pulsador hasta que se forme una bola sobre la cuchilla. Encienda el motor y deje amasar hasta que quede suave y elástica; esto puede llevar 5 minutos y quizá sea necesario que sujete con la manos la máquina para que no brinque. En la batidora, mezcle los ingredientes a velocidad baja, raspando ocasionalmente los costados. Incremente la velocidad y amase 10 minutos o hasta que quede suave y elástica. Reserve.

Máquina para hacer pasta

Mezcle la masa usando cualquiera de los métodos anteriormente mencionados hasta que la masa se haya formado. Inserte la masa entre los rodillos de la máquina en su graduación más ancha. Doble en dos la pasta y repita. Repita el proceso hasta que la masa quede suave y elástica. Reserve. (La masa se puede extender con un rodillo pero se requiere mucha paciencia y habilidad para extender la pasta finamente). Desdoble la masa reposada y divida en 8 partes. Con la máquina en su graduación más ancha aplane la primera porción de masa y pásela por los rodillos.

Baje la graduación un nivel y coloque la masa. Siga reduciendo y extendiendo hasta que la masa pase por la graduación más fina. Cuelgue la hoja de pasta sobre un mango de escoba limpio suspendido entre dos sillas, o sobre una percha para pasta. Repita con el resto de la masa. La masa ahora está lista para cortarla o rellenarla.

PASTA CON SABORES

Muchos sabores se pueden añadir a la masa básica de pasta con diferentes resultados. Los mejores se obtienen usando ingredientes de sabor fuerte, como la espinaca, los tomates, el azafrán, tinta de calamar, hierbas frescas y polvo de cacao. La masa debe tener la misma consistencia que la masa sin sabor y puede requerir más harina o líquido para obtener el mismo resultado.

Pasta de espinacas Agregue a la receta básica 75 g/3 oz de puré de espinaca cocinado y drenado, con aproximadamente 50 g/2 oz de harina. Puede necesitar algo más o menos de harina para obtener una masa suave.

Pasta de tomate Agregue 2 cucharadas de puré de tomate, secado al sol o normal, a la receta básica con aproximadamente 100 g/3½ oz de harina.

Pasta de azafrán Remoje una pizca grande de estigmas de azafrán machacados con una cucharada de agua caliente durante 1 minuto. Remplace

uno de los huevos de la receta básica con esta mezcla.

Pasta de tinta de calamar Agregue la tinta de 2 calamares junto con 100g/3½ oz de harina extra a la receta básica.

Hierbas frescas Hay dos formas de agregar hierbas a la pasta. La primera es agregando hojas picadas finamente a la masa básica y continuar con la receta básica. La segunda consiste en agregar hojas enteras durante la última amasada. Pase la pasta a través de las dos graduaciones más anchas de la máquina. Acomode las hojas sobre la mitad de la pasta y doble la otra mitad sobre las hojas para encerrarlas. Pase la pasta a través de la segunda graduación y continúe como en la receta básica. Las hierbas quedarán encajadas en la masa y al estirarla se verán venas verdes muy bonitas. Puede no ser posible pasar esta masa por la graduación más fina de la máquina.

Pasta de chocolate Remplace 3 cucharadas de la harina con polvo de cacao cernido y sin endulzar, y continúe con la receta básica. Esta clase de pasta se sirve en Italia con salsas de animales de caza.

ARROZ

El arroz es un ingrediente sorprendentemente común en la cocina italiana, en especial en platillos del norte, donde se cultiva casi todo el arroz. El platillo de arroz más popular es el risotto, que puede llegar a ser haute cuisine, pero aun cuando es mediocre sigue siendo un buen platillo.

Hay tres tipos de arroz risotto que son muy populares: arborio, vialone nano y carnaroli. Varían ligeramente en su calidad; el carnaroli es el mejor y el arborio el más barato. También varían ligeramente en su contenido de almidón, lo cual hace que cada uno sea apropiado para diferentes recetas. Esta diferencia, sin embargo, sólo la detecta un paladar experto. En la práctica todos

los risottos son intercambiables. Compre a su gusto.

Todos los risottos son de grano corto y de alto contenido de almidón. Como se revuelve durante la cocción, se suelta el almidón y produce una textura cremosa típica. El arroz debe cocinarse hasta que quede "al dente" para asegurar que está completamente cocinado, pero que aún mantiene una textura firme.

Hay reglas simples para hacer risotto. Primero, mantenga el caldo caliente para que cuando se agregue al arroz no se interrumpa el proceso de cocción. Segundo, agregue más caldo cuando el arroz absorba la primera porción de caldo. No agregue queso al risotto con mariscos. Casi todos los risottos mejoran si se les añade un poco de mantequilla al final.

POLENTA

Hoy en día, la polenta se encuentra en el menú de cualquier restaurante de prestigio. La polenta se hace con harina de maíz molido. La textura es grumosa y el color debe ser amarillo anaranjado. Debe tener aroma de maíz fresco.

La polenta se sirve húmeda (polenta fresca) o cuajada (polenta cocida y enfriada, cortada en formas y a la parrilla). Cuando la polenta es húmeda es mejor con platillos con mucho jugo, pues la polenta absorbe los jugos y adquiere su sabor. Cuando se sirve a la parrilla, tiene costra y un interior suave que es bueno con salsas y con ensaladas o verduras asadas. Pruebe añadir a la polenta mantequilla, queso, hierbas frescas, hongos, tomates secados al sol y picados, pues para los paladares principiantes la polenta sola resulta insípida.

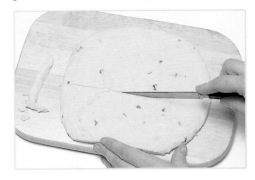

Vino, Aceite de Oliva y Vinagres

VINO

Italia ha sido por mucho tiempo un importante país productor de vinos. El sistema de clasificación puesto en marcha en 1960 era confuso y arbitrario. Por ejemplo, un vino etiquetado como vino de mesa podía ser de la peor calidad o de la mejor, sin ninguna información para discernirlo en la etiqueta. Recientemente la clasificación sigue el sistema francés para reflejar la calidad del vino en vez de enfatizar el método de producción, que a menudo se basa en la conveniencia más que en la calidad.

Los vinos italianos se producen específicamente para acompañar alimentos. Muchos vinos italianos modernos son muy buenos y vale la pena buscarlos. Italia produce una amplia gama de vinos únicos a partir de una variedad de uvas de origen, pero también se usan reconocidas variedades de uvas de todo el mundo. En Italia se producen tintos, blancos, espumosos y fortificados, y entre los más reconocidos están los siguientes.

Vinos Tintos

Las tres uvas italianas más importantes son Nebbiolo, Montepulciano y Sangiovese. La uva Nebbiolo se usa para producir Barolo y Barbaresco y otros vinos menos conocidos. Los vinos jóvenes hechos con esta uva tienden a ser ásperos y con alto contenido de taninos y acidez. Una vez añejados, adquieren un cuerpo fuerte con acentos a chocolate, pasas, ciruelas, humo de madera y tabaco.

Montepulciano es la uva cultivada en Montepulciano d'Abruzzo. Los mejores ejemplares son ricos en cítricos frescos, fuerte ciruela, tánicos, maduros y ligeramente ácidos.

La Sangiovesi es la uva del Chianti. El Chianti y vinos de este tipo han tenido la reputación de ser ligeros e insípidos. Esto se debe a que la reglamentación anterior permitía a los productores añadir un alto porcentaje de jugo blanco —hasta un tercio— lo que hacía vinos débiles aún antes de embotellar.

Sin embargo, en años recientes, se han vuelto a utilizar viñas originales de la Toscana, que producen menos que las viñas plantadas en 1970, pero se obtienen tintos con más cuerpo. Muchos Chiantis se benefician de la adición de pequeñas cantidades de Cabernet Sauvignon.

Otros vinos italianos conocidos incluyen el Barbaresco, Bardolino, Trentino y Valpolicella. Todos ellos se producen con uvas de origen local y vale la pena buscarlos.

Vinos Blancos

Las más importantes uvas para vinos blancos son Garganega, Moscato, Malvasia Trebbiano y Pinot Bianco. Garganega es la uva principal usada para producir Soave, aunque algunas mezclas más económicas añaden Trebbiano Toscano que a veces domina. Produce vinos refrescantes y suaves, con la frescura de las manzanas verdes frescas.

La Moscato produce vinos secos y dulces, y la más famosa es la uva usada en el Asti Spumante. Los moscatos dulces deben ser perfumados con acentos de uvas, miel, manzana y tabaco para puro

La malvasia se usa en muchos vinos, secos y dulces. A menudo se mezcla con Trebbiano para hacer Frascati, que cuando está bien hecho tiene notas cremosas a nuez. También produce vinos ricos y brillantes para postre.

La Trebbiano es una uva extensamente cultivada, en especial la vulgar Trebbiano Toscano, que se cultiva fácilmente y tiene un alto rendimiento. La Trebbiano di Soave, de Venecia, es mucho mejor y se usa como base para algunos buenos vinos, incluyendo algunos Soaves.

La Pinot Bianco se cultiva básicamente en Friuli, donde se pueden encontrar algunos ejemplares muy buenos. El Pinot Bianco puede ser excepcional, con buen cuerpo y sabores a mantequilla y miel.

Otras uvas y vinos producidos en Italia incluyen Chardonnay, Pinot Grigio, Gewürztraminer, Orvieto, Riesling, Sauvignon Blanc, Sylvaner y Tokay.

Vinos Espumosos y Fortificados, Licores

Italia también produce vinos espumosos y algunos vinos fortificados, así como licores muy finos. Prosecco, que tiene algo de gas cárbonico, es un vino blanco ligero, semiseco, perfecto para aperitivos.

El Asti Spumante tiene una reputación muy mala, basada principalmente en el esnobismo. Es una bebida deliciosa, refrescante, con sabor a uvas y muy confiable. Encontrar una botella mala de este espumoso es difícil. Se debe beber muy joven.

El Moscato d'Asti es otro vino dulce, burbujeante, con mucho sabor a fruta. Vale la pena buscarlo.

El Marsala es un vino siciliano con una deliciosa dulzura a azúcar morena y afilada acidez que lo convierte en un vino fortificado de postre muy refrescante. Busque Marsala Vergine y Sercial Madeira.

El Vin Santo puede ser insípido, pero los buenos tienen fuerte sabor a frutas, incluyendo manzanas, chabacano, piel de uva, dulce chicloso, humo y regaliz.

El Amaretto di Saronno es quizás el licor italiano mejor conocido, tiene sabor a almendras. Es delicioso para acompañar una taza de café y muy útil en la cocina.

ACEITE DE OLIVA

La cocina italiana es impensable sin aceite de oliva. Es un ingrediente indispensable en la alacena que se ha producido durante siglos y ha tenido multitud de usos, desde loción para la piel y el cabello hasta para hacer lámparas de terracota y usarlo como combustible.

Los olivos fueron introducidos a Italia y Francia por los griegos, quienes los estuvieron cultivando desde 3000 a.C. Prosperan en el Mediterráneo y pueden crecer en cualquier parte del mundo donde las condiciones climatológicas sean similares. Se dan bien en tierra pobre y rocosa, lugares donde otros cultivos no prosperan, y requieren poca atención.

La aceituna es una fruta de hueso y, dependiendo de la variedad puede ser ingerida verde o negra. Todas las aceitunas son verdes cuando no están maduras y se vuelven negras al madurar, pasando por una variedad de colores, de rojo a morado y café, con tonos intermedios. Algunas variedades son buenas para comer, como la griega Kalamata o la Manzanilla española, pero otras se cosechan específicamente para el aceite. La calidad del aceite depende de su cultivo, cosecha, molienda, clima y condiciones de la tierra al igual que de la variedad de la aceituna.

Una vez cosechadas, las aceitunas se guardan hasta el momento óptimo para ser prensadas; esto puede durar horas o hasta tres días, dependiendo de las condiciones. La mayoría de los productores usan máquinas modernas para prensar, pero en algunas partes los métodos tradicionales aún prevalecen.

Cuando están listas, las aceitunas se lavan y se prensan (el prensado extrae el aceite). Tradicionalmente esto se hacía con una gran rueda de piedra. Hoy se usan máquinas modernas de acero inoxidable que simultáneamente prensan, cortan y raspan las aceitunas. Después se muelen para hacer una pasta que se unta a tapetes de fibra que se apilan uno encima del otro y se colocan en una gran prensa vertical. Se aplica una pequeña presión para extraer el aceite. Esto es el primer prensado en frío.

La calidad del aceite se determina por el nivel de acidez: cuanto más ácido, más baja la calidad. El 90% del aceite extraído en la prensa fría es aceite de oliva extra virgen, que tiene una acidez de menos del 1%. El resto del aceite y cualquier aceite prensado posteriormente de las aceitunas se procesa para producir otros grados de aceite.

Aceite de Oliva Extra Virgen Se obtiene del primer prensado de las aceitunas, es el de mejor calidad y el más caro por tener la menor acidez. Tiene un color intenso y profundo. Se usa mejor crudo como aderezo para carne o pescado a la parrilla, para aderezo en ensaladas o para rociar sopas. Este aceite tiene un nivel bajo de punto de humo, por lo que se quemará más fácilmente que aceites refinados y por lo tanto, no es apropiado para cocinar.

Aceite de Oliva Virgen A este aceite se le llama aceite puro de oliva, pero generalmente se etiqueta como aceite de oliva. Es más pálido y tiene menos sabor a aceituna. Tiene más acidez y un punto de humo más alto, por lo que se puede usar para cocinar.

También hay aceites de oliva mezclados con aceites vegetales o de girasol para producir los llamados aceites "lite". No crea que estos aceites contienen menos grasa: "lite" únicamente se refiere al sabor.

Generalmente se acepta que Italia produce algunos de los mejores aceites de oliva del mundo. Las características principales del aceite italiano son su color verde profundo y el apimientado sabor que deja en el paladar. Los otros principales países productores de aceite de oliva son Francia, Grecia y España. Cada país produce aceites con sus propias características.

Los supermercados venden una gran variedad de aceites de oliva de diferentes calidades, pero el precio es un buen indicador de calidad. Los aceites de marca propia son mezclas de varias fuentes para producir un resultado uniforme. Vale la pena buscar aceites de un solo olivar, pues son de mejor calidad y mucho más interesantes para cocinar.

VINAGRES

Los vinagres tienen muchos usos culinarios y no sólo para aderezo de ensaladas. También son útiles para cortar sabores muy intensos o dulces en las salsas. Los italianos usan varios vinagres, pero en años recientes, el más popular es el vinagre balsámico.

Vinagre Balsámico Se ha fabricado en Modena durante siglos y la forma de prepararlo casi no ha cambiado. El jugo fresco de las uvas se hierve en un tambo abierto por lo menos un día, y después se transfiere a un barril de madera para añejarlo. Esto puede durar de unos meses a dos años en vinagres baratos y hasta 50 años para el vinagre más caro. Cuanto más añejado el vinagre, más espeso y más oscuro. Nuevamente el precio es un buen indicador de calidad y añejamiento.

Vinagre de Vino También es popular en Italia. Aunque los supermercados venden vinagres rojos, blancos, de sidra y de jerez, vale la pena buscar vinagres de buena calidad, con colores profundos, especialmente para las salsas. Éstos tienen un sabor más concentrado a vino y menos sabor amargo a vinagre.

Sopa de Frijoles Blancos con Crutones de Queso Parmesano

1 Precaliente el horno a 200°C/ 400°F. Coloque los cubos de pan en un recipiente y vierta el aceite de cacahuate. Revuelva hasta bañar bien el pan y espolvoree el queso parmesano. Coloque en una charola de hornear ligeramente enaceitada y hornee 10 minutos o hasta que queden crujientes y dorados.

2 Caliente el aceite de oliva en una cacerola grande y cocine la cebolla 4–5 minutos hasta que se suavice. Agregue el tocino y el tomillo y cocine otros 3 minutos. Agregue batiendo los frijoles, el caldo y la pimienta y deje cocer a fuego lento durante 5 minutos.

3 Coloque la mitad de la mezcla de frijoles y el líquido en una licuadora y mezcle hasta suavizar.

4 Regrese el puré a la cacerola. Agregue el pesto, el pepperoni y el jugo de limón. Salpimente al gusto.

5 Regrese la sopa al fuego y cocine 2–3 minutos o hasta que esté bien caliente. Coloque los frijoles en tazones y agregue un cucharón de sopa. Decore con la albahaca y sirva de inmediato con los crutones esparcidos encima

Consejo Sabroso

Prepare su propio pesto: en un procesador de alimentos pique finamente un puñado de hojas frescas de albahaca, 2 dientes de ajo pelados, 1 cucharada de piñones, sal y pimienta. Gradualmente agregue 6–8 cucharadas de aceite de oliva de buena calidad. Vierta en un recipiente y agregue batiendo 2–3 cucharadas de queso parmesano recién rallado. Agregue un poco más de aceite si es necesario y ajuste la sazón.

INGREDIENTES
Rinde 4 porciones

3 rebanadas gruesas de pan blanco, cortadas en cubos de 1 cm/½ in

3 cucharadas de aceite de cacahuate

2 cucharadas de queso parmesano rallado finamente

1 cucharada de aceite de oliva ligero

1 cebolla grande, pelada y picada finamente

50 g/2 oz de tiras de tocino sin ahumar (o rebanadas gruesas de tocino, en cubos)

1 cucharada de hojas de tomillo frescas

2 latas de 400 g c/u de frijoles cannellini, escurridos

900 ml/1½ pt de caldo de pollo

sal y pimienta negra recién molida

1 cucharada de salsa de pesto preparada

50 g/2 oz de pepperoni en cubos

1 cucharada de jugo de limón fresco

1 cucharada de albahaca fresca desmenuzada

Sopa de Arroz con Palitos de Papa

1 Precaliente el horno a 190°C/ 375°F. Caliente 25 g/1 oz de mantequilla en una cacerola y cocine la cebolla 4–5 minutos hasta que se suavice. Agregue el jamón de Parma y cocine 1 minuto. Agregue batiendo el arroz, el caldo y los chícharos. Salpimente al gusto y hierva a fuego suave 10–15 minutos o hasta que el arroz esté suave.

2 Bata el huevo con 125 g/4 oz de mantequilla hasta que estén uniformes. Agregue batiendo la harina, una pizca de sal y las papas. Mezcle los ingredientes hasta que formen una masa suave y elástica, que se pueda doblar, agregando un poco de harina si es necesario.

3 Extienda la pasta sobre una superficie ligeramente enharinada formando un rectángulo de 1 cm/½ in de espesor y corte en 12 palitos largos. Barnice con la leche y espolvoree con las semillas de amapola. Coloque los palitos sobre una charola de hornear ligeramente enaceitada y hornee 15 minutos o hasta que se doren.

4 Cuando el arroz esté cocido, agregue batiendo a la sopa la mantequilla que resta y el queso parmesano. Rocíe con el perejil y sirva de inmediato con los palitos de papas.

INGREDIENTES
Rinde 4 porciones

175 g/6 oz de mantequilla
1 cucharadita de aceite de oliva
1 cebolla grande, pelada y picada finamente
4 rebanadas de jamón de Parma picado
100 g/3½ oz de arroz Arborio
1 litro/2 pt de caldo de pollo
350 g/12 oz de chícharos congelados
sal y pimienta negra recién molida
1 huevo mediano
125 g/4 oz de Royal
175 g/6 oz de puré de papas
1 cucharada de leche
1 cucharada de semillas de amapola
1 cucharada de queso parmesano picado finamente
1 cucharada de perejil recién picado

Dato Culinario

El jamón de Parma en esta receta es un jamón de lujo de Italia que proviene de la provincia norteña de Parma… el mismo lugar famoso por el queso parmesano. Los cerdos de Parma disfrutan de una dieta especial de castañas y suero de leche, misma que produce carne de calidad excelente. Los jamones de Parma no son ahumados sino sazonados, curados con sal y secados al aire.

Consejo Sabroso

Estos palitos de papas también son deliciosas botanas con bebidas. Pruebe espolvorearlos con semillas de ajonjolí y queso rallado. Enfríelos antes de servir.

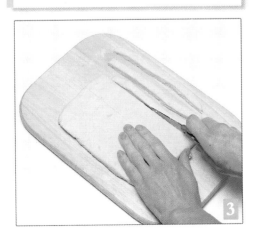

Suculenta Sopa de Tomate con Pimientos Rojos Asados

1 Precaliente el horno a 200°C/400°F. Con una cucharadita de aceite de oliva, engrase ligeramente una charola para asar. Coloque los tomates y los pimientos, por el lado cortado abajo, sobre la charola junto con el ajo y los cuartos de cebolla. Agregue encima el resto del aceite.

2 Hornee 30 minutos o hasta que la piel de los pimientos comience a ampollarse y a ennegrecer. Deje enfriar 10 minutos y retire de los pimientos la piel, los tallos y las semillas. Quite la piel de los tomates y cebollas. Exprima los ajos de su piel.

3 Procese los vegetales en una licuadora hasta que queden uniformes. Agregue el caldo y vuelva a licuar hasta formar un puré. Pase el puré por un colador, si prefiere una sopa más suave, y después vierta a una cazuela. Deje hervir a fuego suave 2–3 minutos y salpimiente al gusto. Sirva caliente decorando con un remolino de crema agria y albahaca.

INGREDIENTES
Rinde 4 porciones

2 cucharaditas de aceite de oliva ligero

700 g / 1½ lb de pimientos rojos cortados a la mitad, desvenados

450 g / 1 lb de tomates saladet en mitades

2 cebollas sin pelar, en cuartos

4 dientes de ajo sin pelar

600 ml / 1 pt de caldo de pollo

sal y pimienta negra recién molida

4 cucharadas de crema agria

1 cucharada de albahaca cortada en juliana

Consejo del Chef

Para pelar los pimientos más fácilmente, se retiran del horno y se meten inmediatamente en una bolsa de plástico o en un recipiente que se cubre con plástico autoadherible. Deje que enfríen para poder tocarlos y cuidadosamente retire la piel.

Sopa de Tomate y Pan

1 Corte una pequeña cruz en la base de los tomates. Colóquelos en un recipiente y cúbralos con agua hirviendo durante 2 minutos o hasta que la piel se desprenda. Escurra y retire toda la piel y las semillas. Córtelos en pedazos grandes.

2 Caliente 2 cucharadas de aceite de oliva en una cacerola y cocine la cebolla a fuego suave hasta que quede tierna. Agregue los tomates pelados, la albahaca picada, el ajo y el polvo de chile. Salpimiente al gusto. Agregue el caldo, cubra la cacerola y hierva a fuego suave 15–20 minutos.

3 Quite las cortezas del pan y rompa la miga en pedazos pequeños. Retire la mezcla de tomates del fuego y agregue el pan batiendo. Cubra y deje reposar 10 minutos o hasta que el pan esté bien mezclado con el tomate. Salpimiente al gusto. Sirva frío o caliente con un remolino de aceite de oliva y decore con una cucharada de pepino picado y las hojas de albahaca.

INGREDIENTES
Rinde 4 porciones

900 g / 2 lb de tomates muy maduros

4 cucharadas de aceite de oliva

1 cebolla pelada y picada finamente

1 cucharada albahaca fresca picada finamente

3 dientes de ajo pelados y machacados

¼ de cucharadita de polvo de chile

sal y pimienta negra recién molida

600 ml / 1 pt de caldo de pollo

175 g / 6 oz de pan blanco viejo

50 g / 2 oz de pepino, cortado en cubos

4 hojas enteras de albahaca

Consejo Sabroso

Esta sopa queda mejor si se prepara cuando los tomates frescos están en temporada. Si desea prepararla en otras épocas del año, sustituya los tomates frescos por 2 latas de 400 g de tomates pelados, italianos de ser posible. Puede que sea necesario cocinar 5–10 minutos más.

Sopa de Arúgula y Papas con Crutones de Ajo

1 Coloque las papas en una cacerola grande, vierta el caldo y hierva a fuego lento durante 10 minutos. Agregue la arúgula y hierva otros 5–10 minutos o hasta que las papas queden suaves y la arúgula acitronada.

2 Mientras tanto, prepare los crutones. Corte las rebanadas gruesas de pan en cubos pequeños y reserve. Caliente la mantequilla y el aceite de cacahuate en una sartén pequeña y cocine el ajo 1 minuto, removiendo bien. Retire el ajo. Agregue los cubos de pan a la mezcla de mantequilla en la sartén y fría moviendo continuamente hasta que queden dorados. Escurra los crutones con papel absorbente y reserve.

3 Corte el pan ciabatta en cubos pequeños y agregue moviendo a la sopa. Cubra la cacerola y deje reposar 10 minutos hasta que el pan absorba bastante líquido.

4 Agregue batiendo el aceite de oliva y salpimente al gusto. Sirva de inmediato con algunos crutones esparcidos encima de la sopa y con el queso parmesano.

INGREDIENTES
Rinde 4 porciones

700 g/1½ lb de papitas baby

1.1 l/2 pt de caldo de pollo o verduras

50 g/2 oz de hojas arúgula

125 g/4 oz de pan blanco en rebanadas gruesas

50 g/2 oz de mantequilla sin sal

1 cucharada de aceite de cacahuate

2–4 dientes de ajo, pelados y picados

125 g/4 oz de pan ciabatta viejo sin costra

4 cucharadas de aceite de oliva

sal y pimienta negra recién molida

2 cucharadas de queso parmesano rallado finamente

Consejo del Chef

La arúgula hoy en día se encuentra en bolsas en muchos supermercados. Si no la encuentra, use la misma cantidad de berros o de hojas de espinaca baby.

Minestrone Clásica

1 Caliente la mantequilla y el aceite de oliva juntos en una cacerola grande. Pique y agregue el tocino, cocínelo de 3–4 minutos y retirelo de la cacerola con un cucharón ranurado. Reserve.

2 Pique finamente el ajo, la cebolla, el apio y las zanahorias y agregue a la cacerola uno por uno, removiendo cada vez. Cubra y cocine a fuego suave 8–10 minutos hasta que las verduras queden tiernas.

3 Agregue los tomates picados con su jugo y el caldo. Suba al hervor y tape. Reduzca la temperatura y hierva a fuego suave 20 minutos más o menos.

4 Agregue moviendo la col, los frijoles, los chícharos y el spaghetti. Cubra y hierva a fuego suave otros 20 minutos o hasta que todos los ingredientes estén tiernos. Salpimente al gusto.

5 Regrese el tocino a la cacerola y suba al hervor. Sirva inmediatamente con el queso parmesano espolvoreado sobre la sopa y con bastante pan para acompañarla.

INGREDIENTES
Rinde 6–8 porciones

25 g/1 oz de mantequilla
3 cucharadas de aceite de oliva
3 tiras de tocino americano
1 cebolla grande pelada
1 diente de ajo pelado
1 apio desbastado
2 zanahorias peladas
1 lata de 400 g de tomates picados
1.1 l/2 pt de caldo de pollo
175 g/6 oz de col verde rallada finamente
50 g/2 oz de alubias desbastadas y en mitades
3 cucharadas de chícharos congelados
50 g/2 oz de spaghetti partido en pedazos pequeños
sal y pimienta negra recién molida
lajas de queso parmesano para decorar
pan crujiente para servir

Consejo Sabroso

Hay muchas variaciones de minestrone. Le puede agregar una lata de frijoles cannellini en lugar o junto con el spaghetti. También puede usar pasta de conchitas de sopa. Para dietas vegetarianas, use caldo de verduras y queso vegetariano sin el tocino.

Crema de Calabaza de Castilla

1 Corte la pulpa de la calabaza en cubos de 2.5 cm/1 in. Caliente el aceite de oliva en una cacerola grande y cocine la calabaza 2–3 minutos bañándola muy bien con el aceite. Pique la cebolla y el puerro finamente y corte el apio y la zanahoria en cubitos.

2 Agregue las verduras a la cacerola con el ajo y cocine moviendo 5 minutos, hasta que queden tiernos. Cubra las verduras con agua y suba al hervor. Agregue bastante sal, pimienta y nuez moscada. Cubra y hierva a fuego lento 15–20 minutos o hasta que las verduras estén tiernas.

3 Cuando las verduras estén tiernas, retire del fuego, deje enfriar un poco y vierta a una licuadora. Licúe hasta formar un puré suave. Pase la mezcla por una coladera sobre una cacerola limpia.

4 Ajuste la sazón al gusto y agregue toda la crema menos dos cucharadas. Agregue suficiente agua para obtener la consistencia adecuada. Suba al hervor, agregue la pimienta roja y sirva de inmediato con un remolino de crema y el pan caliente.

INGREDIENTES
Rinde 4 porciones

900 g/2 lb de pulpa de Calabaza de Castilla (después de retirar la cáscara y las semillas)

4 cucharadas de aceite de oliva

1 cebolla grande pelada

1 puerro desbastado

1 zanahoria pelada

2 tallos de apio

4 dientes de ajo pelados y machacados

1.7 l/3 pt de agua

sal y pimienta negra recién molida

¼ de cucharadita de nuez moscada recién rallada

150 ml/¼ pt de crema ligera

¼ de cucharadita de pimienta roja

pan de hierbas caliente, para servir

Consejo Sabroso

Si no encuentra Calabaza de Castilla, prepare esta receta con calabacitas de verano o invierno.

Sopa de Lechuga

1 Sancoche las lechugas 3 minutos en una cacerola grande con agua hirviendo. Escurra y seque con papel absorbente y pique las hojas con un cuchillo filoso.

2 Caliente el aceite y la mantequilla en una cacerola limpia y agregue la lechuga, las cebollas y el perejil. Cocine 3–4 minutos hasta que todo quede muy tierno.

3 Agregue batiendo la harina y cocine 1 minuto. Vierta gradualmente el caldo, moviendo continuamente. Suba al hervor y salpimiente al gusto. Reduzca el fuego, cubra la cacerola y hierva a fuego suave 10–15 minutos o hasta que quede tierno.

4 Deje enfriar un poco la sopa y pase por una coladera o haga un puré con la licuadora. Si prefiere, deje la sopa grumosa. Agregue la crema batiendo. Verifique la sazón y agregue la pimienta roja al gusto.

5 Arregle las rebanadas de ciabatta en un platón sopero grande o en platos de sopa individuales y vierta la sopa sobre el pan. Decore con tallos de perejil y sirva de inmediato.

INGREDIENTES
Rinde 4 porciones

2 lechugas orejona en cuartos sin el centro

1 cucharada de de oliva

50 g/2 oz de mantequilla

125 g/4 oz de cebollitas cambray desbastadas y picadas

1 cucharada de perejil recién picado

1 cucharada de harina

600 ml/1 pt de caldo de pollo

sal y pimienta negra recién molida

150 ml/¼ pt de crema ligera

¼ cucharadita de pimienta roja, al gusto

rebanadas gruesas de pan ciabatta viejo

tallo de perejil, para decorar

Consejo del Chef

No prepare la lechuga con mucha anticipación, ya que tiende a decolorarse al ser picada, lo que a su vez cambia el color de la sopa.

Antipasto con Focaccia

1 15 minutos antes, precaliente el horno a 220°C/425°F. Arregle la fruta fresca, las verduras, los camarones, las sardinas, las aceitunas, el queso y la carne sobre un platón grande. Rocíe cuidadosamente con una cucharada de aceite de oliva, cubra el platón y refrigere mientras prepara el pan.

2 Cierna la harina, el azúcar, la semolina y la sal finasobre un recipiente grande y espolvoree la levadura seca. Haga un pozo al centro de la mezcla y agregue 2 cucharadas de aceite de oliva. Agregue poco a poco el agua caliente y mezcle todo hasta obtener una masa suave y elástica. Si usa levadura fresca, acreme la levadura con el azúcar y gradualmente vierta batiendo la mitad del agua. Deje

reposar en un lugar caliente hasta que esté espumosa y continúe como con la levadura seca.

3 Coloque sobre una tabla con un poco de harina y amase hasta que esté suave y elástica. Ponga la masa en un recipiente ligeramente enaceitado, cubra y deje reposar en un lugar tibio durante 45 minutos.

4 Amase nuevamente y aplane la masa en forma de un óvalo de 1 cm/½ in de grueso. Coloque el óvalo sobre una charola de hornear ligeramente enaceitada. Pique la superficie con la punta del mango de una cuchara de madera y barnice con aceite de oliva. Salpique con sal gruesa y hornee 25 minutos o hasta que quede dorado. Sirva el pan junto con el platón de comida preparado.

Consejo del Chef

La levadura fresca se puede encontrar en tiendas naturistas y en supermercados que tienen panadería. Busque levadura húmeda y blanda sin manchas oscuras. Se puede guardar en el congelador hasta por seis meses.

INGREDIENTES
Rinde 4 porciones

3 higos frescos en cuartos

125 g/4 oz de ejotes cocinados y cortados a la mitad

1 achicoria, enjuagada y cortada en juliana

125 g/4 oz de camarones grandes

1 lata de 125 g de sardinas

25 g/1 oz de aceitunas negras sin hueso

25 g/1 oz de aceitunas verdes rellenas

125 g/4 oz de queso mozzarella rebanado

50 g/2 oz de salami rebanado delgado

3 cucharadas de aceite de oliva

275 g/10 oz de harina de trigo

pizca de azúcar

3 cucharaditas de levadura preparada o 15 g/½ oz de levadura fresca

175 g/6 oz de semolina

1 cucharadita de sal

300 ml/½ pt de agua caliente

un poco de aceite de oliva extra para barnizar

1 cucharada de sal gruesa de cocina

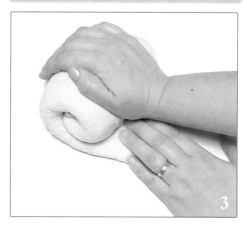

Frittata de Mozzarella con Ensalada de Tomates y Albahaca

1 Para preparar la ensalada de tomate y albahaca, rebane finamente los tomates, desmenuce la albahaca y espolvoreela sobre los tomates. Prepare el aderezo mezclando bien el aceite de oliva con el jugo de limón y el azúcar. Sazone con pimienta negra antes de verter a la ensalada.

2 Para preparar la frittata, pre-caliente la parrilla a fuego alto justo antes de empezar a cocinar. Vierta los huevos en un recipiente grande con bastante sal y bata. Ralle el mozzarella y agregue batiendo junto con las cebollas.

3 Caliente el aceite en una sartén grande antiadherente y vierta la mezcla de huevo, revolviendo con una cuchara de madera para que los ingredientes queden uniformemente esparcidos.

4 Cocine 5–8 minutos o hasta que la frittata quede dorada y con base firme. Coloque la sartén debajo de la parrilla más o menos 4–5 minutos o hasta que la parte superior quede bien dorada. Deslice la frittata a un platón, corte en seis partes y sirva de inmediato con la ensalada de tomate y albahaca, y bastante pan caliente y crujiente.

INGREDIENTES
Rinde 6 porciones

PARA LA ENSALADA:
6 tomates maduros y firmes
2 cucharadas de hojas de albahaca fresca
2 cucharadas de aceite de oliva
1 cucharada de jugo de limón
1 cucharadita de azúcar refinada
pimienta negra recién molida

PARA LA FRITTATA:
7 huevos batidos
sal
300 g / 11 oz de queso mozzarella
2 cebollitas de cambray, desbastadas y picadas finamente
2 cucharadas de aceite de oliva
pan crujiente caliente, para servir

Consejo del Chef
El mozzarella fresco se vende empacado y viene rodeado de salmuera. Después de rallar el queso, coloque las rebanadas entre dos hojas de papel absorbente para quitar el agua que pueda salir durante la preparación.

Boquerón Frito con Ensalada de Arúgula

1 Si los boquerones vienen congelados, descongele completamente y seque con papel absorbentede cocina.

2 Empiece a calentar el aceite en una freidora. Acomode los pescados en un plato grande plano y rocíe bien con la harina, la pimienta roja, la sal y la pimienta.

3 Fría los pescados en grupos, por 2–3 minutos o hasta que estén crujientes y dorados. Mantenga calientes los pescados ya fritos mientras fríe los demás.

4 Mientras tanto, para preparar la ensalada, acomode la lechuga, los tomates y el pepino en platos individuales. Mezcle el aceite de oliva y los otros ingredientes y salpimiente ligeramente. Vierta el aderezo a la ensalada y sirva con los boquerones.

INGREDIENTES
Rinde 4 porciones

450 g/1 lb de boquerón, fresco o congelado
aceite para freír
85 g/3 oz de harina
½ cucharadita de pimienta roja
sal y pimienta negra recién molida

PARA LA ENSALADA:
125 g/4 oz de hojas de arúgula
125 g/4 oz de tomates cereza cortados a la mitad
75 g/3 oz de pepino cortado en cubos
3 cucharadas de aceite de oliva
1 cucharada de jugo de limón
½ cucharadita de mostaza de Dijon
½ cucharadita de azúcar refinada

Consejo Sabroso

Intente otra ensalada. Mezcle espinaca baby limpia con chícharos y cebollitas cambray. Vierta 2 cucharadas de aceite de oliva con ajo. Si se sirve con un platillo de pollo, agregue a la ensalada queso feta.

Bruschetta con Pecorino, Ajo y Tomates

1 Precaliente la parrilla y forre la bandeja con papel aluminio justo antes de cocinar. Corte una pequeña cruz en la parte superior de los tomates y póngalos en agua hirviendo 2 minutos, escurra el agua y quíteles la piel. Corte en cuartos, retire las semillas y pique en cubos pequeños.

2 Mezcle la pulpa de los tomates con el queso pecorino y dos cucharaditas de orégano fresco. Salpimiente al gusto. Agregue 1 cucharada de aceite de oliva y mezcle bien.

3 Machaque el ajo y úntelo sobre el pan. Caliente 2 cucharadas de aceite de oliva en una sartén grande y saltee el pan hasta que quede dorado y crujiente.

4 Acomode el pan sobre una charola de hornear ligeramente enaceitada y unte el tomate y el queso. Ponga un poco de mozzarella encima y coloque bajo la parrilla 3–4 minutos o hasta que quede bien dorada y burbujeante. Decore con el resto del orégano y acomode las bruschettas en un plato de servir. Sirva inmediatamente con las aceitunas.

INGREDIENTES
Rinde 4 porciones

6 tomates maduros y firmes
125 g/4 oz de queso pecorino
  rallado finamente
1 cucharada de hojas de orégano
sal y pimienta negra recién molida
3 cucharadas de aceite de oliva
3 dientes de ajo pelado
8 rebanadas de pan italiano
  plano, como el focaccia
50 g/2 oz de queso mozzarella
aceitunas negras marinadas,
  para servir

Consejo Sabroso

Las hojas amargas son excelentes con estas bruschettas puesto que sirven de contrapeso al sabor del tomate y el queso. Pruebe una mezcla de hojas de arúgula, achicoria y escarola. Si no las encuentra, use hojas mixtas para ensalada.

Crostini con Hígados de Pollo

1 Caliente 1 cucharada de aceite de oliva y 1 de mantequilla en una sartén, agregue el chalote y el ajo y cocine a fuego suave 2–3 minutos.

2 Desbaste y lave los hígados y séquelos muy bien con papel de cocina. Córtelos en rebanadas y báñelos con harina. Agregue los hígados a la sartén y fría otros 2 minutos, revolviendo continuamente.

3 Vierta el vino y el brandy y suba al hervor. Hierva rápidamente 1–2 minutos para evaporar el alcohol. Agregue revolviendo los hongos y cocine a fuego suave más o menos 5 minutos o hasta que los hígados queden cocinados, pero un poco rosados en el centro. Salpimente al gusto.

4 Fría las rebanadas de ciabatta, o un pan similar, con el resto del aceite y mantequilla y acomódelos en platos de servir individuales. Agregue la mezcla de hígado y decore con la salvia y los gajos de limón. Sirva de inmediato.

Consejo Sabroso

Si prefiere una alternativa baja en grasas, no use mantequilla. Hornee en el horno precalentado a 180°C/350°F durante 20 minutos o hasta que queden dorados y crujientes, y sirva como en el paso 4.

INGREDIENTES
Rinde 4 porciones

2 cucharadas de aceite de oliva
2 cucharadas de mantequilla
1 chalote pelado y picado finamente
1 diente de ajo pelado y machacado
150 g/5 oz de hígados de pollo
1 cucharada de harina
2 cucharadas de vino blanco seco
1 cucharada de brandy
50 g/2 oz de hongos picados
sal y pimienta negra recién molida
4 rebanadas de ciabatta o algún pan similar

PARA DECORAR:
hojas de salvia frescas
gajos de limón

Tomates Italianos Asados con Endibias y Achicoria

1 Precaliente el horno a 190°C/375°F. Aceite ligeramente una charola de hornear con una cucharada de aceite. Corte la parte superior de los tomates y retire toda la pulpa. Pase la pulpa por un colador sobre un recipiente grande. Espolvoree sal al interior de las conchas de tomate y acomódelas cabeza abajo en un plato mientras prepara el relleno.

2 Mezcle la pulpa de tomate con las migas de pan, las hierbas frescas y los hongos. Salpimiente bien. Coloque las conchas de tomate en la charola preparada y llénelas con la mezcla de pulpa y hongos. Rocíe con el queso y hornee 10–15 minutos o hasta que estén dorados.

3 Mientras tanto, prepare la ensalada. Acomode la endibia y la achicoria en platos de servir individuales. Mezcle el resto de los ingredientes en un pequeño recipiente para preparar el aderezo. Salpimiente al gusto.

4 Cuando los tomates estén cocinados, repose 5 minutos, acomódelos en los platos y rocíe con aderezo. Sirva caliente.

INGREDIENTES
Rinde 4 porciones

1 cucharada de aceite de oliva
4 tomates grandes
sal
50 g/2 oz de migas de pan blanco fresco
1 cucharada de cebollines recién picados
1 cucharada de perejil recién picado
125 g/4 oz de hongos de bola picados finamente
sal y pimienta negra recién molida
25 g/1 oz de queso parmesano rallado

PARA LA ENSALADA:
½ endibia
½ pieza pequeña de achicoria
2 cucharadas de aceite de oliva
1 cucharadita de vinagre balsámico
sal y pimienta negra recién molida

Consejo Sabroso

Como alternativa, pruebe agregar a la mezcla removiendo 2 cucharadas de tapenade o pesto preparado o, en lugar de las endibias, use albahaca fresca picada.

Spaghettini con Pesto de Limón, y Pan con Queso y Hierbas

1 Precaliente el horno a 200°C/400°F 15 minutos antes de hornear. Mezcle la cebolla con el orégano, el perejil, la mantequilla y el queso. Unte la mezcla sobre el pan. Coloque el pan en una charola de hornear ligeramente enaceitada y cubra con papel aluminio. Hornee 10–5 minutos y después mantenga caliente.

2 Agregue el spaghettini con una cucharada de aceite de oliva a una cacerola con agua salada hirviendo y cocine 3–4 minutos o hasta que esté "al dente". Escurra, pero reserve 2 cucharadas del líquido.

3 Licúe la albahaca, los piñones, el ajo, el queso parmesano, la cáscara y el jugo de limón, y el resto del aceite de oliva hasta que formen un puré. Salpimiente al gusto y vierta a una cacerola.

4 Caliente el pesto de limón con fuego suave hasta que esté bien caliente. Agregue revolviendo la pasta junto con el líquido reservado. Agregue la mantequilla y mezcle bien.

5 Agregue bastante pimienta negra a la pasta y sirva de inmediato con el pan con queso caliente.

INGREDIENTES
Rinde 4 porciones

1 cebolla pequeña pelada y rallada

2 cucharaditas de orégano recién picado

1 cucharada de perejil recién picado

75 g/3 oz de mantequilla

125 g/4 oz de queso pecorino rallado

8 rebanadas de pan italiano plano

275 g/10 oz de spaghettini seco

4 cucharadas de aceite de oliva

1 manojo grande de albahaca, más o menos 30 g/1 oz

75 g/3 oz de piñones

1 diente de ajo pelado y machacado

75 g/3 oz de queso parmesano rallado

cáscara finamente rallada y jugo de 2 limones

sal y pimienta negra recién molida

4 cucharaditas de mantequilla

Consejo Sabroso

En esta receta es importante que use aceite de buena calidad y mucho sabor. Busque aceite extra virgen o aceite prensado en frío. Compre el mejor aceite que pueda pagar.

Mejillones con Salsa Cremosa de Ajo y Azafrán

1 Limpie los mejillones muy bien con mucha agua fría, desbarbe y deseche los percebes. Deseche los mejillones abiertos o dañados. Colóquelos en un recipiente grande lleno de agua fría y guarde en el refrigerador hasta que los necesite.

2 Vierta el vino a una cacerola y suba al hervor. Agregue los mejillones, cubra y cocine 6–8 minutos o hasta que se abran bien todos los mejillones. Agite la cacerola frecuentemente.

3 Deseche los mejillones que no abrieron. Con una cuchara ranurada, retire cuidadosamente los mejillones abiertos de la cacerola. Manténgalos calientes. Reserve el líquido.

4 Caliente el aceite de oliva en una sartén pequeña y cocine el echalote y el ajo 2–3 minutos o hasta que queden tiernos. Agregue el líquido reservado y el orégano picado y cocine 2–3 minutos más. Agregue removiendo el azafrán y la crema y caliente a fuego suave. Salpimiente al gusto. Reparta los mejillones en tazones de servir individuales y agregue la salsa de azafrán. Sirva de inmediato con bastante pan fresco y crujiente.

INGREDIENTES
Rinde 4 porciones

700 g / 1½ lb de mejillones frescos vivos

300 ml / ½ pt de vino blanco seco de buena calidad

1 cucharada de aceite de oliva

1 chalote pelado y picado finamente

2 dientes de ajo pelados y machacados

1 cucharada de orégano recién picado

2 estigmas de azafrán

150 ml / ¼ pt de crema ligera

sal y pimienta negra recién molida

pan fresco crujiente, para servir

Consejo del Chef

Los mejillones se crían actualmente en granjas, por lo que se encuentran todo el año. Sin embargo, cómprelos el mismo día que quiere comerlos. Póngalos en un recipiente con agua fría y refrigere lo más pronto posible. Cambie el agua al menos cada 2 horas. Si no hay mejillones vivos, use mejillones precocidos empacados.

Peperonata
(Pimientos Mixtos Dorados)

1 Retire las semillas de los pimientos y corte en tiras finas. Rebane la cebolla en anillos. Pique los ajos finamente.

2 Caliente el aceite de oliva en una sartén y fría los pimientos, la cebolla y el ajo 5–10 minutos o hasta que queden tiernos y ligeramente coloreados. Remueva continuamente.

3 Corte una cruz en la parte superior de los tomates. Sumérjalos en agua hirviendo 2 minutos. Escurra el agua, retire la piel y las semillas y córtelos en cubos.

4 Agregue los tomates y el orégano a los pimientos y salpimiente al gusto. Cubra la cacerola y suba al hervor. Hierva a fuego suave más o menos 30 minutos o hasta que estén tiernos. Agregue el caldo a la mitad del proceso.

5 Sirva un cucharón de peperonata caliente en cada plato. Decore con hojas frescas de orégano y acompañe con pan focaccia recién horneado o con pan plano tostado.

INGREDIENTES
Rinde 4 porciones

2 pimientos verdes
1 pimiento rojo
1 pimiento amarillo
1 pimiento anaranjado
1 cebolla pelada
2 dientes de ajo pelados
2 cucharadas de aceite de oliva
4 tomates muy maduros
1 cucharada de orégano recién picado
sal y pimienta negra recién molida
150 ml/¼ pt de caldo ligero de pollo o caldo de verduras
tallos de orégano fresco para decorar
focaccia (ver receta de la p.32) o pan plano, para servir

Consejo Sabroso

Sirva la peperonata fría como parte de un platillo de antipasto. Algunos buenos acompañamientos pueden ser aceitunas marinadas, tomates secados al sol o tomates marinados semisecos, salami rebanado con otras carnes frías y bastante pan italiano.

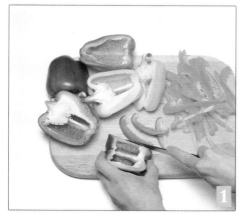

Hongos Silvestres con Ajo y Palitos de Pan de Pizza

1 15 minutos antes de hornear, precaliente el horno a 240°C/475°F. Mantenga la levadura en agua caliente 10 minutos. Vierta la harina a un recipiente grande y gradual-mente mezcle con el aceite de oliva, la sal y la levadura disuelta.

2 Amase sobre una superficie ligeramente enharinada hasta formar una masa suave y elástica. Cubra con plástico autoadherible y deje reposar 15 minutos en un lugar tibio para que la masa se levante. Abra la masa, extiéndala con un rodillo y córtela en palitos de igual tamaño. Cubra y vuelva a dejar que se levante la masa durante 10 minutos. Barnice con aceite de oliva, espolvoree con sal y hornee 10 minutos.

3 Vierta 3 cucharadas de aceite de oliva en una sartén y agregue el ajo. Cocine a fuego muy suave 3–4 minutos, revolviendo bien para que el aceite absorba el sabor.

4 Corte los hongos en pedazos tamaño bocadillo si son muy grandes. Agréguelos a la sartén. Salpimiente al gusto y cocine a fuego muy suave 6–8 minutos o hasta que estén tiernos.

5 Bata rápidamente las hierbas frescas con el resto del aceite de oliva y el jugo de limón. Vierta a los hongos y caliente bien. Sazone al gusto y divida entre los platos individuales. Sirva con los palitos de pizza.

Consejo del Chef

Nunca lave hongos con agua de la pila. Los hongos absorben agua fácilmente y la sueltan al ser cocinados por lo que el platillo queda aguado. Limpie los hongos silvestres con una toalla húmeda o con un cepillo suave para quitar cualquier tierra. Corte la base de los tallos para eliminar cualquier suciedad.

INGREDIENTES
Rinde 6 porciones

PARA LOS PALITOS:

7 g/¼ oz de levadura deshidratada

250 ml/8 fl oz de agua caliente

400 g/14 oz de harina de trigo

2 cucharadas de aceite de oliva

1 cucharadita de sal

9 cucharadas de aceite de oliva

4 dientes de ajo pelados y machacados

450 g/1 lb de hongos silvestres mixtos, limpios y secos

sal y pimienta negra recién molida

1 cucharada de perejil recién picado

1 cucharada de albahaca recién picada

1 cucharadita de hojas de orégano

el jugo de 1 limón

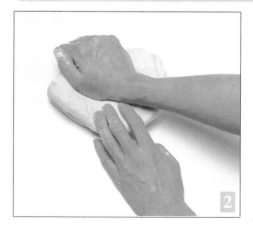

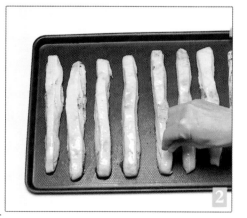

Camarones Calientes con Jamón de Parma

1 Precaliente el horno a 180°C/350°F. Rebane el pepino y los tomates finamente y acomódelos en 4 platos grandes. Reserve. Pele los camarones, excepto las colas, y desvénelos.

2 Mezcle en un pequeño recipiente 4 cucharadas de aceite de oliva con el ajo y el perejil picado. Salpimiente bien. Agregue los camarones y revuelva hasta cubrirlos bien con la mezcla. Retire los camarones y envuelva cada uno con el jamón y asegúrelos con un palillo.

3 Coloque los camarones preparados en una charola de hornear ligeramente enaceitada junto con el pan y hornee 5 minutos.

4 Retire la charola del horno y vierta el vino sobre los camarones y el pan. Regrese al horno y hornee 10 minutos más hasta que estén bien calientes.

5 Cuidadosamente retire los palillos y ponga 3 rollos de camarón sobre cada rebanada de pan. Acomode los panes sobre los tomates y el pepino rebanados. Sirva de inmediato.

INGREDIENTES
Rinde 4 porciones

½ pepino, pelado si lo prefiere
4 tomates maduros
12 camarones grandes
6 cucharadas de aceite de oliva
4 dientes de ajo pelados y machacados
4 cucharadas de perejil recién picado
sal y pimienta negra recién molida
6 rebanadas de jamón de Parma, cortadas a la mitad
4 rebanadas de pan plano italiano
4 cucharadas de vino blanco seco

Consejo del Chef

Es necesario desvenar los camarones puesto que esa vena tiene un sabor amargo. Pele los camarones y con un cuchillo pequeño y filoso corte el centro de la espalda del camarón. Con la punta del cuchillo retire la vena y deséchela.

Emparedados de Mozzarella con Aderezo de Arándanos

1 Rebane el mozzarella finamente. Quite la corteza del pan. Haga emparedados con el pan y el queso. Córtelos en cuadros de 5 cm/2 in y presiónelos para que queden muy planos. Salpimiente los huevos. Bañe los panes en los huevos 1 minuto de cada lado o hasta que queden bien impregnados.

2 Caliente el aceite a 190°C/ 375°F. Fría en el aceite los cuadros de pan 1–2 minutos o hasta que queden dorados. Escurra los cuadros en papel absorbente y manténgalos calientes mientras prepara el aderezo.

3 Coloque los arándanos, el jugo y la cáscara de naranja, el azúcar, el oporto y 5 cucharadas de agua en una cacerola pequeña. Suba al hervor. Hierva a fuego suave 10 minutos o hasta que los arándanos revienten. Si es necesario, agregue más azúcar.

4 Acomode los emparedados en platos individuales. Sirva con el aderezo de arándanos.

INGREDIENTES
Rinde 6 porciones

125 g/4 oz de queso mozzarella
8 rebanadas delgadas de pan blanco
2 huevos batidos
sal y pimienta negra recién molida
300 ml/½ pt de aceite de oliva

PARA EL ADEREZO:
125 g/4 oz de arándanos
2 cucharadas de jugo de naranja fresco
cáscara rallada de 1 naranja pequeña
50 g/2 oz de azúcar morena
1 cucharada de oporto

Consejo del Chef

Freír con aceite que no está suficientemente caliente causa que los alimentos absorban más aceite de lo debido. Para medir la temperatura del aceite sin termómetro, deposite un cubo de pan en la freidora. Si el pan se dora en 30 segundos es porque la temperatura del aceite es correcta. Si no, intente de nuevo dos minutos después o aumente la temperatura. Si el pan se pone muy negro, baje la temperatura del fuego o agregue 150 ml/¼ pt de aceite frío y vuelva a intentar.

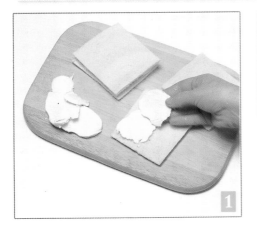

Risotto con Camarones y Chícharos

1 Pele y desvene los camarones. Reserve las cabezas y caparazones. Lávelos y séquelos con papel absorbente. Derrita la mitad de la mantequilla en una sartén grande y agregue las cabezas y caparazones. Fría 3–4 minutos, revolviendo ocasionalmente, hasta que estén dorados. Cuele la mantequilla, deseche las cabezas y caparazones, y regrese la mantequilla a la sartén.

2 Agregue 25 g/1 oz de mantequilla a la sartén y fría la cebolla y el ajo 5 minutos hasta que estén suaves pero que no tomen color. Agregue el arroz y revuelva completamente con la mantequilla durante 1 minuto. Agregue el vino blanco y hierva hasta reducir el vino a la mitad.

3 Hierva suavemente el caldo y agregue al arroz un cucharón a la vez. Revuelva continuamente. Agregue el caldo conforme se absorbe hasta que el arroz esté cremoso pero todavía sólido en el centro.

4 Derrita el resto de la mantequilla y sofría los camarones revolviendo durante 3–4 minutos. Agréguelos al arroz junto con los jugos de la sartén y los chícharos. Agregue la menta picada y salpimiente al gusto. Para completar la infusión, cubra la sartén por 5 minutos antes de servir.

INGREDIENTES
Rinde 6 porciones

450 g/1 lb de camarones enteros

125 g/4 oz de mantequilla

1 cebolla roja pelada y picada

4 dientes de ajo, pelados y picados finamente

225 g/8 oz de arroz arborio

150 ml/¼ pt de vino blanco seco

1.1 litros/2 pt de caldo de verduras o pescado

375 g/13 oz de chícharos congelados

4 cucharadas de menta recién picada

sal y pimienta negra recién molida

Consejo Sabroso

Freír las cabezas y caparazones de los camarones antes de preparar el platillo agrega mucho sabor al arroz. También se pueden agregar al caldo y hervirlos durante 10 minutos. Cuele el caldo presionando las cabezas y caparazones para extraer su sabor al máximo.

Calamares Rellenos con Salsa Romesco

1 15 minutos antes de cocinar, precaliente el horno a 230°C/ 450°F. Limpie los calamares si es necesario, enjuáguelos suavemente y seque con papel de cocina. Pique los tentáculos finamente.

2 Caliente dos cucharadas de aceite en una sartén grande de teflón y fría la pancetta 5 minutos o hasta que quede crujiente. Retire la pancetta y reserve. Agregue los tentáculos, la cebolla, 2 dientes de ajo, el tomillo y los tomates a la sartén y fría a fuego suave durante 5 minutos o hasta que queden tiernos.

3 Retire la sartén del fuego y agregue batiendo la pancetta. Mezcle en un procesador de alimentos si prefiere un relleno más suave. Agregue batiendo las migas, la albahaca y el jugo de limón. Salpimiente al gusto. Con una cuchara vierta la mezcla dentro de los calamares y ciérrelos con un palillo.

4 Coloque los calamares en una charola grande para hornear y rocíelos con 2 cucharadas de agua y 2 de aceite. Hornee 20 minutos.

5 Caliente el resto del aceite en una cacerola y fría el resto del ajo 3 minutos. Agregue los tomates, el chile y el orégano y hierva a fuego suave 15 minutos antes de agregar batiendo el pimiento rojo. Cocine a fuego suave otros 5 minutos. Mezcle en la licuadora para obtener una salsa suave y sazone al gusto. Vierta la salsa sobre los calamares y sirva de inmediato con las hojas mixtas.

INGREDIENTES
Rinde 4 porciones

8 calamares pequeños, más o menos 350 g/12 oz

5 cucharadas de aceite de oliva

50 g/2 oz de pancetta en cubitos

1 cebolla pelada y picada

3 dientes de ajo pelados y picados finamente

2 cucharaditas de tomillo fresco picado

50 g/2 oz de tomates secados al sol en aceite y picados

75 g/3 oz de migas de pan blanco fresco

2 cucharadas de albahaca fresca picada

el jugo de ½ limón verde

sal y pimienta negra recién picada

2 tomates madurados en rama, pelados y picados finamente

1 pizca de hojuelas de chile

1 cucharadita de orégano seco

1 pimiento rojo pelado y picado

hojas de ensalada mixtas, para servir

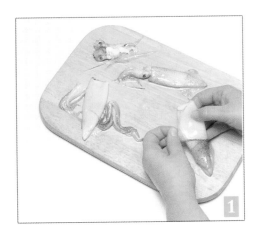

Alambre de Vieiras y Rape con Salsa de Hinojo

1 Coloque el rape en una tabla de picar y quite la piel y el hueso del centro de la cola. Deseche. Enjuague ligeramente y seque con papel de cocina. Corte los 2 filetes en 12 partes iguales y colóquelas en un recipiente poco profundo.

2 Retire las vieiras de su concha, si es necesario, y desvene y limpie completamente. Enjuague ligeramente y seque con papel absorbente de cocina. Póngalas en el recipiente con el pescado.

3 Mezcle las 2 cucharadas de aceite con el ajo y una pizca de pimienta en un pequeño recipiente y luego vierta en el recipiente del pescado. Asegúrese de que se bañen bien. Cubra ligeramente y marine en el refrigerador por lo menos 30 minutos o más, si lo permite el tiempo. Ocasionalmente bañe la mezcla de rape con la marinada.

4 Machaque ligeramente las semillas de hinojo y el chile en un mortero. Agregue revolviendo 4 cucharadas de aceite y salpimiente al gusto. Para completar la infusión cubra y repose 20 minutos.

5 Escurra el rape y las vieiras. Reserve la marinada y ensarte en 4 alambres.

6 Aceite una sartén aparrillada con un ligero chorro de aceite, caliéntela casi a punto de humo y cocine los alambres 5-6 minutos de cada lado. Unte con la marinada continuamente.

7 Unte las rebanadas de hinojo con la salsa de hinojo y cocine en la sartén 1 minuto de cada lado. Sirva las rebanadas de hinojo con los alambres encima, rociados con la salsa de hinojo. Decore con las hojas mixtas.

INGREDIENTES
Rinde 4 porciones

700 g / 1½ lb de cola de rape
8 vieiras frescas grandes
2 cucharadas de aceite de oliva
1 diente de ajo pelado y machacado
pimienta negra recién molida
1 bulbo de hinojo desbastado y rebanado finamente
hojas de ensalada mixtas, para servir

PARA LA SALSA:

2 cucharadas de semillas de hinojo
1 pizca de hojuelas de chile
4 cucharadas de aceite de oliva
2 cucharaditas de jugo de limón
sal y pimienta negra recién molida

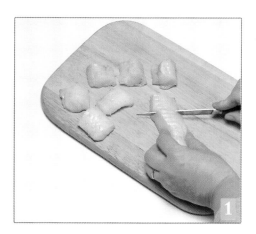

Spaghetti con Pesto Rojo y Almejas

1 Para preparar el pesto rojo, coloque el ajo, los piñones, la albahaca, los 4 tomates y el aceite de oliva en una licuadora y mezcle hasta que quede suave. Vierta en recipiente y agregue el queso parmesano revolviendo. Salpimiente al gusto. Cubra y refrigere hasta que se necesite.

2 Cepille las almejas con un cepillo suave y quite las barbas. Deseche las que estén abiertas o dañadas. Lávelas con bastante agua fría y déjelas en un recipiente con agua en el refrigerador hasta que se necesiten. Cambie el agua con frecuencia.

3 Caliente el aceite en una cacerola grande, y fría a fuego suave el ajo y la cebolla durante 5 minutos hasta que queden tiernos pero que no tomen color. Agregue el vino y el caldo y suba al hervor. Agregue las almejas, cubra y cocine 3–4 minutos o hasta que se abran las conchas.

4 Deseche las almejas no abiertas. Agregue las demás revolviendo al pesto rojo. En una cacerola grande, suba al hervor agua salada y cocine el spaghetti 5–7 minutos o hasta que quede "al dente". Escurra y regréselos a la cacerola. Agregue la salsa, mezcle bien y pase a un platón. Sirva de inmediato.

Consejo Sabroso

Este platillo es particularmente atractivo si deja las almejas en sus conchas. Si lo prefiere, retire la carne de las conchas al final del paso 3, pero deje algunas para decorar. Regrese la carne a la cacerola, removiendo.

INGREDIENTES
Rinde 4 porciones

PARA EL PESTO ROJO:

2 dientes de ajo pelados y picados finamente

50 g/2 oz de piñones

25 g/1 oz de hojas de albahaca fresca

4 tomates secados al sol en aceite, escurridos

4 cucharadas de aceite de oliva

4 cucharadas de queso parmesano rallado

sal y pimienta negra recién molida

PARA LA SALSA DE ALMEJAS:

450 g/1 lb de almejas vivas en su concha

1 cucharada de aceite de oliva

2 dientes de ajo pelados y machacados

1 cebolla pequeña pelada y picada

5 cucharadas de vino blanco semiseco

150 ml/¼ pt de caldo de pollo o pescado

275 g/10 oz de spaghetti

Sardinas en Hoja de Parra

1 Precaliente la parrilla y forre su charola con papel de aluminio justo antes de cocinar. Corte 8 tiras de cuerda de 25.5 cm/10 in de largo y remójelas en agua durante 10 minutos. Cubra las hojas de parra con agua casi hirviendo y remójelas 20 minutos. Escurra y enjuáguelas muy bien. Séquelas con papel absorbente de cocina.

2 Desbaste las cebollitas, píquelas finamente y deposítelas en un recipiente pequeño. Agregue batiendo con un batidor de globo el aceite de oliva, el jugo de limón, el orégano y la mostaza en polvo. Salpimiente al gusto. Cubra con plastico autoadherible y déjelo en el refrigerador hasta que lo necesite. Bata la mezcla antes de usarla.

3 Haga 2 cortes en cada lado del cuerpo de las sardinas y unte los mismos con un poco de la mezcla de jugo de limón. Coloque una hoja de laurel dentro del cuerpo de las sardinas y envuélvalas con 1 o 2 hojas de parra. Barnice con la mezcla y amarre las hojas con las cuerdas.

4 Ase los pescados a la parrilla 4–5 minutos de cada lado a fuego moderado y unte con más de la mezcla de limón si es necesario. Deje reposar el pescado, quite las hojas de parra y deseche. Decore con los gajos de limón y los tallos de eneldo, sirva con lo que queda de la mezcla de limón, la ensalada de aceitunas y el pan.

INGREDIENTES
Rinde 4 porciones

8–16 hojas de parra en salmuera, escurridas
2 cebollitas cambray
6 cucharadas de aceite de oliva
2 cucharadas de jugo de limón verde
2 cucharadas de orégano recién picado
1 cucharadita de mostaza en polvo
sal y pimienta negra recién molida
8 sardinas limpias
8 hojas de laurel
8 tallos de eneldo fresco

PARA DECORAR:
gajos de limón
tallos de eneldo

PARA SERVIR:
ensalada de aceitunas
pan crujiente

Consejo del Chef

Para limpiar las sardinas, haga un corte a lo largo de la panza con un cuchillo o con las puntas de una tijera. Retire las entrañas y deseche. Lave bien el pescado. Quite las escamas tallando suavemente con el pulgar desde la cola hasta la cabeza. La piel de las sardinas es muy delicada y se debe frotar con cuidado.

Langosta a la Parmesana con Ajo

1 10 minutos antes de cocinar, precaliente el horno a 180°C/350°F. Parta en dos la langosta y quiebre sus pinzas. Deseche las agallas, la bolsa verde que está detrás de la cabeza y la vena negra que atraviesa el cuerpo. Coloque las 2 mitades en un refractario poco profundo.

2 Derrita la mantequilla en una cacerola pequeña y cocine el ajo a fuego suave 3 minutos o hasta que quede tierno. Agregue la harina y revuelva a fuego medio durante 1 minuto. Retire la cacerola del fuego y gradualmente agregue la leche, revolviendo hasta que espese la salsa. Regrese la cacerola al fuego y cocine 2 minutos, revolviendo todo hasta que la mezcla quede suave y espesa. Agregue revolviendo la mitad del queso y cocine otro minuto. Salpimiente al gusto.

3 Vierta la salsa de queso sobre las mitades de langosta y espolvoree encima el resto del queso. Hornee 20 minutos o hasta que la langosta quede bien caliente y la salsa esté dorada. Sirva con las hojas mixtas.

INGREDIENTES
Rinde 2 porciones

1 langosta grande cocida

25 g / 1 oz de mantequilla sin sal

4 dientes de ajo pelados y machacados

1 cucharada de harina

300 ml / ½ pt de leche

125 g / 4 oz de queso parmesano rallado

sal de mar y pimienta negra recién molida

hojas de ensalada mixtas, para servir

Dato Culinario

Hoy la langosta es un lujo. Sin embargo, hasta finales del siglo XIX, se usaban langostas como carnada para pescar.

Consejo del Chef

Este impresionante platillo es una maravillosa entrada para dos personas. Prepare la salsa con anterioridad y cúbrala con plástico autoadherible. Refrigere hasta que esté lista para usarla.

Bacalao Asado con Aïoli de Azafrán

1 10 minutos antes de cocinar, precaliente el horno a 180°C/ 350°F. En un mortero haga una pasta moliendo el ajo, el azafrán y una pizca de sal. Licúe la pasta con la yema de huevo durante 30 segundos. A velocidad baja, sin parar el motor, agregue el aceite de oliva con un chorro delgado y continuo hasta que la mayonesa quede suave y espesa. Transfiera a un pequeño recipiente y agregue revolviendo el jugo de limón. Refrigere hasta necesitarlo.

2 Combine el aceite de oliva, ajo, cebolla, romero y tomillo para la marinada. La infusión tarda 10 minutos.

3 Coloque los tallos de romero y las rebanadas de limón en una charola para hornear, ligeramente enaceitada. Acomode sobre ellos el bacalao, con el lado sin piel para arriba. Vierta la marinada y deje marinar en el refrigerador 15–20 minutos. Hornee 15–20 minutos o hasta que la carne se desprenda fácilmente con un tenedor. Deje reposar el bacalao 1 minuto antes de servir con el aïolí de azafrán y las verduras.

INGREDIENTES
Rinde 4 porciones

PARA EL AÏOLI DE AZAFRÁN:
2 dientes de ajo pelados

¼ de cucharadita de estigmas de azafrán

sal de mar al gusto

1 yema de huevo

200 ml / 7 fl oz de aceite de oliva extra virgen

2 cucharadas de jugo de limón

PARA LA MARINADA:
2 cucharadas de aceite de oliva

4 dientes de ajo pelados y picados finamente

1 cebolla roja, pelada y picada finamente

1 cucharada de romero recién picado

2 cucharadas de tomillo recién picado

4–6 tallos de romero fresco

1 limón rebanado

4 filetes gruesos de 175 g / 6 oz cada uno, de bacalao con piel

verduras recién cocinadas para servir

Consejo del Chef

Los grupos vulnerables, tales como niños pequeños, ancianos y mujeres embarazadas deben evitar comer huevos crudos o semicocidos. En su lugar, prepare la pasta de ajo y azafrán con mayonesa comercial de buena calidad.

Pescado Asado Empapelado

1 10 minutos antes de cocinar, precaliente el horno a 180°C/350°F. Caliente el aceite de oliva y fría a fuego suave el ajo y los echalotes durante 2 minutos. Agregue revolviendo los tomates y hierva a fuego suave 10 minutos, deshaciendo los tomates con una cuchara de madera. Agregue el perejil y la albahaca. Salpimente al gusto y cocine otros 2 minutos. Reserve y mantenga caliente.

2 Enjuague los filetes ligeramente y córtelos en 4 porciones. Cepille los mejillones bien y retire las barbillas y percebes. Deseche los mejillones abiertos. Limpie los calamares y corte en anillos. Pele y desvene los camarones.

3 Corte 4 pedazos de papel de aluminio grandes, colóquelos en una charola para hornear, barnice el papel con aceite de oliva y acomode una porción de pescado sobre cada uno. Cierre el aluminio, formando paquetes, hornee 10 minutos y retire del calor.

4 Abra los paquetes cuidadosamente y agregue los mejillones, calamares y camarones. Vierta el vino y con una cuchara agregue un poco de salsa de tomate. Espolvoree encima las hojas de albahaca y hornee 5 minutos o hasta que quede bien cocinado. Deseche los mejillones que no abrieron. Decore con gajos de limón y sirva con el resto de la salsa de tomate.

Consejo del Chef

Esta es una excelente salsa de tomate básica. Haga bastante y sírvala con spaghetti. Manténgala cubierta en el refrigerador hasta necesitarla o congele hasta por dos meses. Descongele por completo y caliente suavemente antes de usar.

INGREDIENTES
Rinde 4 porciones

PARA LA SALSA DE TOMATE:

125 ml / 4 fl oz de aceite de oliva
4 dientes de ajo, pelados y picados finamente
4 echalotes pelados y picados finamente
1 lata de 400 g de tomates picados italianos
2 cucharadas de perejil liso
3 cucharadas de hojas de albahaca
sal y pimienta negra recién molida

700 g / 1½ lb de filetes de lisa, robalo o merluza
450 g / 1 lb de mejillones vivos
4 calamares
8 camarones grandes crudos
2 cucharadas de aceite de oliva
3 cucharadas de vino blanco seco
3 cucharadas de hojas de albahaca recién picada
gajos de limón, para decorar

Rape Asado con Jamón de Parma

1 15 minutos antes de cocinar, precaliente el horno a 200°C/400°F. Deseche la piel de la cola del rape y el hueso del centro. Corte el pescado en 4 piezas iguales, salpimente al gusto y ponga encima de cada pieza una hoja de laurel y una rebanada de queso.

2 Envuelva completamente cada filete con 2 rebanadas de jamón de Parma. Pliegue los bordes del jamón hacia adentro y asegúrelos con un palillo.

3 Enaceite ligeramente una charola para hornear y colóquela por unos minutos en el horno caliente. Coloque los filetes sobre la charola y hornee 12–15 minutos.

4 En una cacerola grande suba al hervor agua ligeramente salada y lentamente agregue la pasta. Cocine 5 minutos hasta que esté "al dente" o según las instrucciones. Escurra y reserve 2 cucharadas del líquido. Regrese la pasta a la cacerola, agregue las 2 cucharadas del líquido, la mantequilla, el jugo y la cascarita de limón. Revuelva hasta que la pasta quede bien bañada y brillante con la mezcla.

5 Haga pequeños nidos de pasta sobre 4 platos calientes y monte sobre ellos los filetes. Decore con el cilantro y sirva con los tomates y calabacitas.

INGREDIENTES
Rinde 4 porciones

700 g / 1½ lb de cola de rape

sal de mar y pimienta negra recién molida

4 hojas de laurel

4 rebanadas de queso fontina sin costra

8 rebanadas de jamón de Parma

225 g / 8 oz de pasta de capelle d'angelo

50 g / 2 oz de mantequilla

cascarita y jugo de 1 limón

tallos de cilantro, para decorar

PARA SERVIR:

tomates a la parrilla
calabacitas a la parrilla

Consejo del Chef

El rape también se vende en filetes sin hueso, llamados lomos. Retire la piel del pescado antes de cocinarlo, y si necesita cubos o tiras, quite el hueso central.

Mejillones Arrabbiata

1 Limpie los mejillones con un cepillo pequeño y suave y quite las barbillas y percebes. Deseche las conchas abiertas o dañadas. Coloque los mejillones en un recipiente grande y cubra con agua fría. Cambie el agua con frecuencia y deje en el refrigerador hasta que se necesiten.

2 Caliente el aceite de oliva en una cacerola grande y sancoche la cebolla, el ajo y el chile hasta que queden tiernos pero no con más color. Agregue los tomates, suba al hervor y hierva a fuego suave 15 minutos.

3 Agregue el vino blanco a la salsa de tomates, hierva y luego agregue los mejillones. Cubra la cacerola y agítela cuidadosamente. Cocine 5–7 minutos o hasta que se abran las conchas.

4 Agregue las aceitunas y cocine sin tapar 5 minutos hasta que estén calientes. Salpimiente al gusto y espolvoree el perejil. Deseche las conchas no abiertas. Sirva de inmediato con mucho pan.

INGREDIENTES
Rinde 4 porciones

1.8 kg/4 lb de mejillones

3–4 cucharadas de aceite de oliva

1 cebolla grande, pelada y picada

4 dientes de ajo pelados y picados finamente

1 chile rojo desvenado y picado finamente

3 latas de 400 g c/u de tomates picados

150 ml/¼ pt de vino blanco

175 g/6 oz de aceitunas negras sin hueso, partidas en dos

sal y pimienta negra recién molida

2 cucharadas de perejil recién picado

pan crujiente caliente, para servir

Dato Culinario

Esta salsa de tomates es un clásico que generalmente contiene cebolla, pimientos, ajo y hierbas frescas. La arrabiata debe hervirse a fuego lento para extraer el sabor. Es excelente con carne, aves, pasta y mariscos.

Canelones de Atún

1 10 minutos antes de cocinar, precaliente el horno a 180°C/375F°. Caliente el aceite en una sartén y cocine las cebollas y el pimiento hasta que queden tiernos. Con una cuchara con ranuras, transfiera de la sartén a un recipiente grande.

2 Escurra el atún y agregue a la mezcla de cebollitas y pimiento. Junte el queso ricotta con la cascarita y el jugo de limón y los cebollines, salpimiente al gusto y mezcle hasta que esté bien revuelto y suave. Mezcle con el atún. Si la mezcla sigue un poco tiesa, agregue más limón.

3 Usando una cucharita, vierta cuidadosamente la mezcla a los canelones. Acueste los tubos rellenos en un refractario enaceitado ligeramente. Bata el huevo, el queso cottage, el yogurt y la nuez moscada y vierta sobre los canelones. Espolvoree encima el queso mozzarella. Hornee 15-20 minutos o hasta que la superficie quede dorada y burbujeante. Sirva inmediatamente con la ensalada de hojas verdes.

INGREDIENTES
Rinde 4 porciones

1 cucharada de aceite de oliva
6 cebollitas de cambray desbastadas y picadas finamente
1 pimiento rojo desvenado y picado finamente
1 lata de 200 g de atún en agua
250 g de queso ricotta cascarita y jugo de 1 limón
1 cucharada de cebollines recién picados
sal y pimienta negra recién molida
8 canelones
1 huevo batido
125 g/4 oz de queso cottage
150 ml/¼ pt de yogurt natural
1 pizca de nuez moscada recién rallada
50 g/2 oz de queso mozzarella rallado
ensalada de hojas verdes para acompañar

Consejo del Chef

Puede tener la tentación de cocinar los canelones antes de rellenarlos, pero esto causa que los tubos queden demasiado resbalosos para su manejo. La humedad de la salsa es suficiente para cocinarlos completamente mientras se hornean.

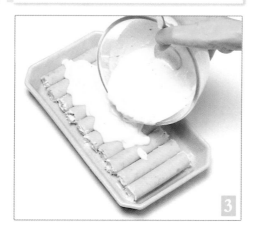

Atún Asado con Salsa Italiana

1 Limpie el pescado y salpimiente ligeramente. Colóquelo en un recipiente poco profundo. Mezcle el Pernod con el aceite de oliva, la cascarita y el jugo de limón, el tomillo, el hinojo, los tomates y el chile. Vierta sobre el pescado. Cubra ligeramente y marine en un lugar frío 1–2 horas. Ocasionalmente bañe el pescado con la marinada.

2 Mientras tanto, mezcle todos los ingredientes para la salsa en un pequeño recipiente. Salpimiente al gusto y deje reposar 30 minutos para que los sabores combinen.

3 Enaceite ligeramente una sartén aparrillada y caliéntela bien. Cuando la sartén esté muy caliente, escurra el pescado pero reserve la marinada. Ase el pescado 3–4 minutos de cada lado evitando sobre cocerlo (el atún debe estar rosado en el centro). Vierta el resto de la marinada en una cacerola y hierva 1 minuto. Sirva los filetes calientes con la marinada, la salsa fría y algunas hojas mixtas de ensalada.

Dato Culinario

Si se cubre bien, la salsa puede conservarse en el refrigerador hasta 6 días.

INGREDIENTES
Rinde 4 porciones

4 filetes de atún o pez espada, de175 g/6 oz cada uno
sal y pimienta negra recién molida
3 cucharadas de Pernod
2 cucharadas de aceite de oliva
cascarita y jugo de 1 limón
2 cucharaditas de hojas de tomillo fresco
2 cucharaditas de semillas de hinojo ligeramente tostadas
4 tomates secados al sol, picados
1 cucharadita de hojuelas de chile
ensalada de hojas mixtas, para servir

PARA LA SALSA:

1 cebolla blanca pelada y picada finamente
2 tomates sin semillas y rebanados
2 cucharadas de albahaca fresca
1 chile rojo, desvenado y picado finamente
3 cucharadas de aceite de oliva extra virgen
2 cucharaditas de vinagre balsámico
1 cucharadita de azúcar refinada

Guisado Mediterráneo de Pescado

1 Caliente el aceite de oliva en una cacerola grande. Agregue la cebolla, el ajo, el hinojo y el apio. Cocine a fuego bajo 15 minutos, removiendo con frecuencia hasta que las verduras queden tiernas y apenas empiecen a dorarse.

2 Agregue los tomates con su jugo y el orégano, laurel, cascarita y jugo naranja y el azafrán. Suba al hervor, luego reduzca el calor y hierva a fuego suave 5 minutos. Agregue el caldo de pescado, el vermouth y salpimiente al gusto. Suba al hervor. Baje el fuego y hierva a fuego suave 20 minutos.

3 Limpie o enjuague los filetes de pescado y retire todas las espinas que pueda. Acomódelos sobre una tabla para picar y córtelos en cubos de 5 cm/2 in. Agregue a la cacerola y cocine 3 minutos. Agregue los camarones y cocine otros 5 minutos. Rectifique la sazón y sirva con pan crujiente.

Dato Culinario

Se usa azafrán en esta receta para darle color y sabor al platillo. El azafrán puede parecerle muy caro. Tome en cuenta que la flor de azafrán sólo tiene 3 estigmas que deben ser cuidadosamente arrancados a mano y secados. Por eso es la especia más cara del mundo.

Consejo del Chef

Use los pescados de esta lista tan sólo como guía. Cualquier combinación de pescados y mariscos es buena. Sírvalo con pan tostado y con mayonesa o aïoli hecho en casa.

INGREDIENTES
Rinde 4–6 porciones

4 cucharadas de aceite de oliva

1 cebolla pelada y picada finamente

5 dientes de ajo pelados y picados finamente

1 bulbo de hinojo desbastado y picado finamente

3 tallos de apio desbastados y picados finamente

1 lata de 400 g de tomates picados con hierbas italianas

1 cucharada de orégano recién picado

1 hoja de laurel

cascarita y jugo de 1 naranja

1 cucharadita de estigmas de azafrán

750 ml / 1¼ pt de caldo de pescado

3 cucharadas de vermouth seco

sal y pimienta negra recién molida

225 g / 8 oz de filetes gruesos de merluza

225 g / 8 oz de filetes de robalo

225 g / 8 oz de camarones grandes crudos, pelados

pan crujiente, para servir

Platija con Parmesano y Anchoas

1 15 minutos antes de cocinar, precaliente el horno a 220°C/425°F. Coloque la platija en una tabla para picar. Tome el pescado por la cola y despelleje por ambos lados. Con un cuchillo fileteador, córtelo en filetes. Limpie y reserve.

2 Coloque los filetes, con la carne despellejada hacia arriba, sobre una tabla para picar y córtelos a lo largo por el centro. Meche cada uno con anchoas y enrolle empezando por el lado más ancho. Reserve.

3 Vierta agua hirviendo sobre la espinaca, deje reposar 2 minutos, escurra todo lo posible y acomódela en un refractario.

Acomode los tomates sobre la espinaca. Acomode parados los rollos de filete sobre el tomate y vierta la crema.

4 Pique finamente el pan ciabatta y la lechuga en la licuadora. Agregue removiendo el parmesano.

5 Vierta la mezcla sobre el pescado y hornee 8–10 minutos hasta que el pescado no esté traslúcido, y quede cocinado, y hasta que la mezcla esté dorada. Sirva con la pasta.

INGREDIENTES
Rinde 4 porciones

4 filetes de platija

4 filetes de anchoa picados finamente

450 g / 1 lb de espinacas enjuagadas

3 tomates firmes, rebanados

200 ml / 7 fl oz de crema doble

5 rebanadas de pan ciabatta con aceitunas

50 g / 2 oz de arúgula

8 cucharadas de queso parmesano rallado

pasta recién hecha, para servir

Consejo del Chef

Las anchoas se pueden conservar en aceite (generalmente aceite de oliva) o en sal. Si las compra en aceite, sencillamente escúrralas y séquelas con papel absorbente de cocina. Si compra las saladas, póngalas en varios baños de agua para quitarles la sal. Tenga cuidado al sazonar platillos con anchoas, para evitar que queden muy salados.

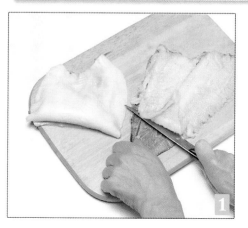

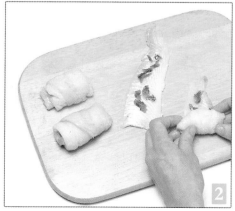

Parrillada de Lisa Roja con Salsa de Naranjas y Anchoas

1 Precaliente la parrilla y forre su charola con aluminio justo antes de cocinar. Pele las naranjas con un cuchillo filoso y sobre un recipiente para recolectar el jugo. Córtelas en rebanadas delgadas. Reserve. Si es necesario, haga más jugo de naranja para tener 150 ml/¼ pt.

2 Ponga el pescado sobre una tabla para picar y haga 2 cortes diagonales en la parte más gruesa por ambos lados. Salpimiente bien por dentro y fuera. Acomode un tallo de romero y algunas rebanadas de limón dentro del cuerpo. Barnice el cuerpo con un poco de aceite de oliva y ase en la parrilla 4–5 minutos de cada lado. La carne debe desprenderse del hueso.

3 Caliente el resto del aceite en una cacerola y fría el ajo y las anchoas a fuego suave 3–4 minutos. No deje que se doren. Agregue el romero picado y bastante pimienta. Las anchoas son saladas, por lo que la mezcla no necesita sal. Agregue las rebanadas de naranja y su jugo removiendo. Hierva a fuego suave hasta que todo esté caliente. Vierta sobre el pescado y sirva de inmediato.

INGREDIENTES
Rinde 4 porciones

2 naranjas

4 lisas rojas de 175 g/6 oz c/u desescamadas y limpias

sal y pimienta negra recién molida

4 tallos de romero fresco

1 limón rebanado

2 cucharadas de aceite de oliva

2 dientes de ajo pelados y machacados

6 filetes de anchoa en aceite escurridos y picados grueso

2 cucharaditas de romero recién picado

1 cucharadita de jugo de limón

Consejo del Chef

La lisa roja es un pez bastante común, pero su tamaño puede variar mucho; frecuentemente se encuentran sólo las muy grandes. Sustituya con lisa gris o con huachinango.

Pargo a la Parrilla con Pimientos Asados

1 Precaliente la parrilla a fuego alto y forre su charola con papel aluminio. Corte la parte superior de los pimientos y divídalos en cuartos. Desvene y colóquelos en la parrilla 8–10 minutos, volteándolos con frecuencia hasta que la piel quede negra y arrugada. Retire del fuego y deje enfriar en una bolsa de plástico para quitarles la piel. Después rebane delgado y reserve.

2 Forre nuevamente la charola con aluminio y acomode los filetes con la piel para arriba. Salpimiente al gusto y barnice con un poco de aceite de oliva. Cocine 5–6 minutos de cada lado y barnice con aceite cada vez.

3 Vierta la crema y el vino en una pequeña cacerola, suba al hervor y hierva a fuego suave 5 minutos hasta que la salsa espese un poco. Agregue el eneldo, salpimiente al gusto y vierta los pimientos revolviendo. Acomode los filetes en platos de servir calientes y vierta la salsa de crema y pimiento. Decore con tallos de eneldo y sirva de inmediato con el tagliatelle.

INGREDIENTES
Rinde 4 porciones

1 pimiento rojo mediano
1 pimiento verde mediano
4–8 filetes de pargo, dependiendo del tamaño: 450 g / 1 lb aproximadamente
sal de mar y pimienta negra recién molida
1 cucharada de aceite de oliva
5 cucharadas de crema doble
125 ml / 4 fl oz de vino blanco
1 cucharada de eneldo fresco picado
tallos de eneldo fresco para decorar
tagliatelle recién preparado, para servir

Consejo Sabroso

Este platillo es igualmente delicioso con una variedad de vegetales a la parrilla. Intente con diferentes colores de pimiento, cebollas rojas, calabacitas y berenjenas, en tiras o en gajos. Rebane o pique en cuanto enfríen.

Salmón Frito con Risotto a las Hierbas

1 Limpie los filetes con un trapo limpio y húmedo. Mezcle la harina con la mostaza y salpimente sobre un platón grande. Cubra los filetes con la mezcla y reserve

2 Caliente la mitad del aceite en una sartén grande y fría los echalotes 5 minutos o hasta que estén tiernos pero sin color. Agregue el arroz y sofría 1 minuto. Agregue lentamente el vino y hierva a fuego alto hasta que se reduzca a la mitad.

3 Hierva el caldo a fuego suave y agregue al arroz, un cucharón a la vez. Revuelva con frecuencia hasta terminar de agregar el caldo y hasta que se cocine el arroz sin que pierda su

solidez. Agregue removiendo los 50 g de mantequilla y las hierbas picadas. Salpimente al gusto.

4 Caliente el resto del aceite y la bolita de mantequilla en una sartén aparrillada grande, agregue los filetes y fría 2–3 minutos de cada lado o hasta que estén listos. Acomode el risotto a las hierbas sobre platos de servir calientes y monte los filetes. Decore con rebanadas de limón y tallos de eneldo. Sirva de inmediato con la ensalada de tomates.

Consejo del Chef

Agregar removiendo la mantequilla al risotto es un paso importante – en italiano se le llama "mantecare". Esto causa que el arroz tenga buena textura y que brille. Sirva el risotto tan pronto como esté cocinado.

INGREDIENTES
Rinde 4 porciones

4 filetes de salmón de 175 g/6 oz cada uno
3–4 cucharadas de harina
1 cucharadita de mostaza en polvo
sal y pimienta negra recién molida
2 cucharadas de aceite de oliva
3 echalotes pelados y picados
225 g/8 oz de arroz arborio
150 ml/¼ pt de vino blanco seco
1.4 litros/2½ pt de caldo de pescado o de verduras
50 g/2 oz de mantequilla
2 cucharadas de cebollin recién picado
2 cucharadas de eneldo recién picado
2 cucharadas de perejil liso recién picado
1 bolita de mantequilla

PARA DECORAR:

rebanadas de limón
tallos de eneldo fresco
ensalada de tomates, para servir

Robalo en Salsa Cremosa de Berros y Prosciutto

1 Quite las hojas de los tallos de berros y reserve. Pique grueso los tallos y póngalos en una cacerola grande con el caldo. Suba lentamente al hervor, tape y hierva a fuego suave 20 minutos. Cuele y deseche los tallos. Con el vino, aumente el caldo a 300 ml/½ pt.

2 Hierva agua salada en una cacerola grande y cocine la pasta 8–10 minutos o hasta que esté "al dente". Cuele y reserve.

3 Derrita la mantequilla en una cacerola y cocine el prosciutto a fuego suave 3 minutos. Retírelo con una cuchara ranurada. Agregue removiendo la harina a la cacerola y cocine a fuego medio 2 minutos. Retire del fuego y lentamente viértala en el caldo, removiendo todo el tiempo. Regrese al fuego. Suba al hervor removiendo continuamente y hierva a fuego suave 3 minutos hasta que la salsa espese y quede suave. Con la licuadora, haga un puré de las hojas de berro y la crema. Agregue a la salsa con el prosciutto. Salpimiente al gusto, agregue la pasta, revuelva ligeramente y mantenga caliente.

4 Mientras tanto, rocíe ligeramente una sartén aparrillada con aceite de oliva y caliente. Cuando esté caliente, cocine los filetes 3–4 minutos de cada lado o hasta que estén listos. Acomode los filetes sobre una cama de pasta y rocíe con un poco de salsa. Decore con berros y sirva de inmediato.

INGREDIENTES
Rinde 4 porciones

75 g/3 oz de berros
450 ml/¾ pt de caldo de pescado o de pollo
150 ml/¼ pt de vino blanco seco
225 g/8 oz de pasta de tagliatelle
40 g/1½ oz de mantequilla
75 g/3 oz de jamón prosciutto
2 cucharadas de harina
300 ml/½ pt de crema
sal y pimienta negra recién molida
aceite de oliva, para rociar
4 filetes de robalo de 175 g/6 oz cada uno
berros frescos, para decorar

Consejo del Chef

Siempre lave muy bien los berros. Seque con una toallita o una centrífuga de ensaladas para quitarles el exceso de humedad.

Macarela Marinada con Ensalada de Tomate y Albahaca

1 Retire todas las espinas que pueda del pescado. Enjuáguelo ligeramente y seque con papel absorbente de cocina. Póngalo en un recipiente poco profundo.

2 Mezcle los ingredientes de la marinada y vierta sobre los filetes. Asegúrese que la marinada los cubra completamente. Cubra y repose el pescado en un lugar frío por lo menos 8 horas, preferiblemente toda la noche. Conforme se marinan, pierden su traslucidez y parecen estar cocinados.

3 Coloque los tomates, los berros, las naranjas y el queso mozzarella en un recipiente y mezcle.

4 Para preparar el aderezo, bata el jugo de limón con la mostaza, el azúcar, la sal y la pimienta. Vierta la mitad del aderezo sobre la ensalada, mezclando otra vez, y coloque en platos de servir. Retire los filetes de la marinada y córtelos tamaño bocadillo. Espolvoréelos con la albahaca. Acomode encima de la ensalada, rocíe con el resto del aderezo y con hojas de la albahaca. Decore con tallos de albahaca y sirva.

Dato Culinario

Este platillo se basa en ceviche, que se prepara con pescado rebanado finamente, marinado en jugo de limón y con otros sabores. Asegúrese de que el pescado esté absolutamente fresco. Compre en un lugar con mucha rotación de mercancía, lo que asegura la frescura de sus productos.

INGREDIENTES
Rinde 3 porciones

3 filetes de macarela
3 tomates
50 g / 2 oz de berros
2 naranjas peladas y en gajos
75 g / 3 oz de queso mozzarella
 rebanado
2 cucharadas de hojas de albahaca
 partidas
tallo de albahaca fresca, para
 decorar

PARA LA MARINADA:
jugo de 2 limones
4 cucharadas de aceite de oliva
4 cucharadas de hojas de albahaca

PARA EL ADEREZO:
1 cucharada de jugo de limón
1 cucharadita de mostaza de
 Dijon
1 cucharadita de azúcar refinada
sal y pimienta negra recién molida
5 cucharadas de aceite de oliva

Mariscada Especial

1 Caliente el aceite en una cacerola, pique la mitad del ajo y agréguelo. Cocine a fuego suave 1–2 minutos. Agregue el calamar, la mitad del vino y los tomates. Hierva a fuego suave 10–15 minutos.

2 Pique el resto del ajo. En otra cacerola coloque el ajo picado, el resto del vino y 2 cucharadas de perejil. Agregue los mejillones limpios, tape y cocine 7–8 minutos. Deseche cualquier mejillón no abierto. Con una cuchara ranurada, retire los mejillones restantes y agréguelos a la mezcla de calamares y tomate. Reserve el líquido.

3 Corte el rape y el atún en pedazos y póngalos en la cacerola con el líquido reservado. Hierva a fuego suave 5 minutos o hasta que el pescado esté tierno.

4 Mezcle los pescados y los mariscos, salvo los camarones y langostinos, con la mezcla de tomate y el líquido en una cacerola grande. Cocine todo hasta que esté bien caliente.

5 Tueste el pan y acomódelo en la base de un platón de servir poco profundo.

6 .Vierta la mezcla de pescado sobre el pan tostado y decore con los camarones, langostinos y el perejil picado. Sirva de inmediato.

INGREDIENTES
Rinde 4 porciones

2 cucharadas de aceite de oliva

4 dientes de ajo pelados

125 g/4 oz de calamares cortados en anillos

300 ml/½ pt de vino blanco semiseco

1 lata de 400 g de tomates picados

2 cucharadas de perejil picado finamente

225 g/8 oz de mejillones vivos, limpios y desbarbados

125 g/4 oz de filete de rape

125 g/4 oz de atún fresco

4 rebanadas de pan italiano

PARA DECORAR:

225 g/8 oz de camarones grandes cocidos sin pelar

4 langostinos cocidos

3 cucharadas de perejil recién picado

Consejo Sabroso

Este platillo necesita un pan con mucho sabor. Use pan ciabatta o pugliese.

Verduras Asadas al Horno con Salchichas

1 15 minutos antes de cocinar, precaliente el horno a 200°C/400°F. Corte las berenjenas y calabacitas en pedazos tamaño bocadillo. Vierta el aceite en una charola para asar y caliente en el horno 3 minutos o hasta que esté muy caliente. Agregue las berenjenas, calabacitas y ajo. Revuelva hasta que estén bien cubiertas con aceite y deje en el horno 10 minutos.

2 Retire del horno y revuelva. Haga unos cuantos piquetes en las salchichas y agregue a la charola. Regrese al horno otros 20 minutos o hasta que los vegetales estén tiernos y las salchichas doradas. Voltee los ingredientes una vez durante la cocción.

3 Mientras tanto, pique grueso los tomates y escurra los frijoles. Retire las salchichas del horno y vierta revolviendo los tomates y frijoles. Salpimiente al gusto y regrese la charola al horno 5 minutos hasta que todo quede bien caliente.

4 Esparza la albahaca, mucho queso parmesano y un poco más de pimienta. Sirva de inmediato.

INGREDIENTES
Rinde 4 porciones

2 berenjenas medianas, sin los extremos

3 calabacitas medianas, sin los extremos

4 cucharadas de aceite de oliva

6 dientes de ajo

8 salchichas tipo Toscana

4 tomates saladet

2 latas de frijoles cannellini, de 300 g cada una

sal y pimienta negra recién molida

1 manojo de albahaca fresca, desgarrada en pedazos grandes

4 cucharadas de queso parmesano rallado

Consejo del Chef

Vale la pena buscar salchichas de la Toscana para este platillo. Una buena alternativa son las salchichas de Toulouse, puesto que se encuentran más fácilmente en grandes supermercados y en algunas carnicerías.

Salami Caliente con Verduras Gratinadas

1 Precaliente el horno a 200°C/ 400°F. Pele y rebane las zanahorias. Desbaste los ejotes y los espárragos y reserve. Cocine las zanahorias en una cacerola con agua hirviendo ligeramente salada durante 5 minutos. Agregue los otros vegetales, menos la espinaca, y cocine otros 5 minutos o hasta que estén tiernos. Escurra y coloque en un refractario.

2 Deseche el pellejo del salami, si es necesario, y píquelo grueso. Caliente el aceite en una sartén y fría el salami 4–5 minutos, revolviendo ocasionalmente hasta que quede dorado. Con una cuchara ranurada, transfiera el salami al refractario y salpique con la menta.

3 Agregue mantequilla a la sartén y cocine la espinaca 1–2 minutos o justo hasta que se acitrone. Agregue batiendo la crema y salpimiente bien. Vierta la mezcla sobre los vegetales.

4 En la procesadora, muela el pan ciabatta. Agregue revolviendo el queso y espolvoree sobre los vegetales. Hornee 20 minutos hasta que quede bien caliente y dorado. Sirva con la ensalada verde.

INGREDIENTES
Rinde 4 porciones

350 g/12 oz de zanahorias

175 g/6 oz de ejotes tiernos

250 g/9 oz de puntas de espárragos

175 g/6 oz de chícharos congelados

225 g/8 oz de salami italiano

1 cucharada de aceite de oliva

1 cucharada de menta recién picada

25 g/1 oz de de mantequilla

150 g/5 oz de hojas de espinaca baby

150 ml/¼ pt de crema doble

sal y pimienta negra recién molida

1 pan ciabatta con aceitunas pequeño o ½ hogaza

75 g/3 oz de queso parmesano rallado

ensalada verde, para servir

Consejo Sabroso

Prepare éste platillo por adelantado hasta el paso 3 y refrigere hasta estar listo para cocinar. Cubra con migajas y hornee 25 minutos.

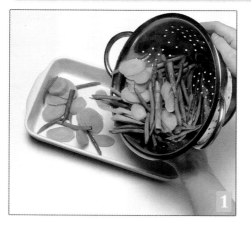

Antipasto Penne

1 Precaliente la parrilla justo antes de cocinar. Corte las calabacitas en rebanadas grandes. Enjuague los tomates y corte en cuartos. Corte el jamón en tiras. Vierta el aceite en una charola para hornear y póngala debajo de la parrilla 2 minutos o casi hasta el punto de humo. Retire del fuego y agregue revolviendo las calabacitas. Regrese a la parrilla y cocine 8 minutos, revolviendo ocasionalmente. Retire de la parrilla, agregue los tomates y cocine otros 3 minutos.

2 Agregue el jamón a la charola y cocine debajo de la parrilla 4 minutos, hasta que los vegetales estén arrugados y el jamón dorado. Salpimiente al gusto.

3 Mientras tanto, vierta la pasta en una cacerola grande con agua hirviendo ligeramente salada. Suba al hervor, revuelva y cocine 8 minutos o hasta que quede "al dente". Escurra y regrese a la cacerola.

4 Agregue batiendo el antipasto a los vegetales y cocine debajo de la parrilla 2 minutos hasta que estén bien calientes. Agregue la pasta y mezcle suavemente con los otros ingredientes. Deje en la parrilla otros 4 minutos y sirva de inmediato.

INGREDIENTES
Rinde 4 porciones

3 calabacitas medianas

4 tomates

175 g/6 oz de jamón italiano

2 cucharadas de aceite de oliva

sal y pimienta negra recién molida

350 g/12 oz de pasta de penne seca

1 tarro de 285 g de antipasto

125 g/4 oz de queso mozzarella, escurrido y en cubos

125 g/4 oz de queso gorgonzola desmenuzado

3 cucharadas de perejil liso recién picado

Dato Culinario

El término antipasto se refiere al platillo servido antes de que comience la comida, o "pasto". Su propósito es abrir el apetito para los siguiente platillos. En Italia, se sirven en pequeñas cantidades, pero se pueden servir 2 o 3 platillos diferentes al mismo tiempo. No hay reglas estrictas para definir qué es un antipasto apropiado. Literalmente hay miles de variaciones regionales.

Risotto Italiano

1 Pique la cebolla y el ajo. Reserve. Caliente el aceite en una sartén grande y fría el salami 3–5 minutos o hasta que se dore. Con una cuchara ranurada transfiera a un plato y mantenga caliente. Agregue los espárragos a la sartén y fría revolviendo 2–3 minutos hasta que se acitronen. Transfiera al plato de salami. Agregue la cebolla y el ajo y cocine 5 minutos hasta que estén tiernos.

2 Agregue el arroz a la sartén y cocine aproximadamente 2 minutos. Agregue el vino y suba al hervor. Después, hierva a fuego suave, revolviendo, hasta que se absorba el vino. Agregue la mitad del caldo y suba al hervor. Hierva a fuego suave, revolviendo, hasta que se absorba el líquido.

3 Agregue la mitad del caldo que queda y las habas a la mezcla de arroz, suba al hervor y luego hierva a fuego suave unos 5-10 minutos más, o hasta que se absorba todo el líquido.

4 Agregue el resto del caldo y suba al hervor. Hierva a fuego suave hasta que se absorba el caldo y el arroz quede tierno. Agregue revolviendo los otros ingredientes hasta que se derrita el queso. Sirva de inmediato.

INGREDIENTES
Rinde 4 porciones

1 cebolla pelada

2 dientes de ajo pelados

1 cucharada de aceite de oliva

125 g / 4 oz de salami o tocino, picados

125 g / 4 oz de espárragos

350 g / 12 oz de arroz risotto

300 ml / ½ pt de vino blanco seco

1 litro / 1¾ pt de caldo de pollo caliente

125 g / 4 oz de habas congeladas, descongeladas

125 g / 4 oz de queso dolcelatte en cubitos

3 cucharadas de hierbas mixtas picadas, como perejil y albahaca

sal y pimienta negra recién picada

Dato Culinario

El queso es un ingrediente común para hacer risotto, y de hecho ayuda a darle su textura cremosa. Normalmente se agrega queso parmesano al final de la cocción, pero en esta receta se usa queso dolcelatte en su lugar.

Filete de Res a la Sartén con Hongos Cremosos

1 Corte los chalotes a la mitad si son muy grandes. Pique el ajo. Caliente el aceite en una sartén grande y cocine los chalotes unos 8 minutos, revolviendo ocasionalmente, hasta que queden casi suaves. Agregue el ajo y la carne y cocine 8–10 minutos, volteando los medallones una vez, hasta que queden dorados. Con una cuchara ranurada transfiera la carne a un plato y mantenga caliente.

2 Enjuague los tomates y corte en octavos. Limpie los hongos y rebane. Agregue a la sartén y cocine 5 minutos, revolviendo con frecuencia hasta que queden los hongos tiernos.

3 Vierta el brandy y caliente bien. Retire la sartén del fuego y flamee. Deje que las llamas se apaguen. Vierta el vino. Regrese la sartén al fuego y suba al hervor. Hierva hasta reducir un tercio. Retire del fuego y salpimiente al gusto. Agregue la crema y revuelva.

4 Acomode los medallones en platos de servir y agregue la salsa. Sirva con las papitas y los ejotes.

INGREDIENTES
Rinde 4 porciones

225 g / 8 oz de chalotes pelados
2 dientes de ajo pelados
2 cucharadas de aceite de oliva
4 medallones de filete de res
4 tomates saladet
125 g / 4 oz de hongos planos
3 cucharadas de brandy
150 ml / ¼ pt de vino tinto
sal y pimienta negra recién molida
4 cucharadas de crema doble

PARA SERVIR:
papitas cambray
ejotes recién cocidos

Consejo del Chef

Para preparar los medallones, compre un filete de 700 g / 1½ lb. Corte transversalmente en cuatro partes.

Albóndigas de Cerdo al Horno con Pimientos

1 15 minutos antes de cocinar, precaliente el horno a 200°C/400°F. Machaque el ajo y mezcle con la mantequilla, el perejil y suficiente jugo de limón para obtener una consistencia suave. Enrolle la mezcla, envuelva en papel encerado y refrigere al menos 30 minutos.

2 Mezcle hasta que quede bien combinada la carne con la albahaca, 1 diente de ajo picado, los tomates, la sal y la pimienta. Con las manos húmedas, divida la mezcla en 16 partes, forme las albóndigas y reserve.

3 Vierta el aceite en una charola para hornear grande y colóquela en el horno 3 minutos hasta que quede bien caliente. Retire del horno y revuelque la carne, el resto del ajo picado y los pimientos en el aceite. Hornee 15 minutos. Retire del horno y agregue revolviendo los tomates. Salpimiente al gusto. Hornee otros 20 minutos.

4 Justo antes que esté lista la carne, rebane el pan, tueste ligeramente y unte con la mantequilla de ajo. Retire las albóndigas del horno, agregue el vinagre y sirva de inmediato con el pan de ajo.

INGREDIENTES
Rinde 4 porciones

PARA EL PAN DE AJO:
2–4 dientes de ajo pelados
50 g/2 oz de mantequilla derretida
1 cucharada de perejil recién picado
2–3 cucharaditas de jugo de limón
1 hogaza de pan focaccia

PARA LAS ALBÓNDIGAS:
450 g/1 lb de carne molida de puerco
4 cucharadas de albahaca recién picada
2 dientes de ajo pelados y picados
3 tomates secados al sol, picados
sal y pimienta negra recién molida
3 cucharadas de aceite de oliva
1 pimiento rojo mediano, desvenado y cortado en pedazos
1 pimiento verde mediano, desvenado y cortado en pedazos
1 pimiento amarillo mediano, desvenado y cortado en pedazos
225 g/8 oz de tomates cereza
2 cucharadas de vinagre balsámico

Consejo del Chef

Puede preparar la mantequilla de ajo (paso 1) con anticipación, y refrigerarla hasta por una semana o congelarla 2 meses.

Guisado de Costillas de Cerdo

1 10 minutos antes de cocinar, precaliente el horno a 190°C/ 375°F. Desbaste las costillas, quitándoles todo exceso de grasa. Límpielas con un trapo limpio y húmedo, espolvoree con la harina y reserve. Corte los chalotes a la mitad si son muy grandes. Pique el ajo y rebane los tomates.

2 Caliente el aceite en una cacerola grande y fría las costillas 5 minutos, volteando ocasionalmente, hasta que queden bien doradas. Con una cuchara ranurada retire con cuidado las costillas y reserve. Agregue los chalotes y cocine 5 minutos, revolviendo ocasionalmente.

3 Regrese las costillas a la cacerola y salpique con el ajo y los tomates. Vierta la lata de tomates con su jugo.

4 Mezcle el vino con el caldo y el puré. Agregue el orégano picado y salpimiente al gusto. Vierta sobre las costillas y hierva suavemente. Cubra con una tapa que embone muy bien y hornee 1 hora hasta que las costillas queden tiernas. Verifique la sazón. Agregue unas hojas de orégano y sirva inmediatamente con las papitas y los ejotes.

INGREDIENTES
Rinde 4 porciones

4 costillas de puerco
harina para espolvorear
225 g / 8 oz de chalotes picados
2 dientes de ajo pelados
50 g / 2 oz de tomates secados al
 sol
2 cucharadas de aceite de oliva
1 lata de 400 g de tomates
 saladet
150 ml / ¼ pt de vino tinto
150 ml / ¼ pt de caldo de pollo
3 cucharadas de puré de tomate
2 cucharadas de orégano recién
 picado
sal y pimienta negra recién molida
hojas de orégano frescas,
 para decorar

PARA SERVIR:
papitas recién cocinadas
ejotes

Consejo Sabroso

Para esta receta escoja chuletas con hueso. Deseche todo
exceso de grasa y pellejo antes de cocinar.

Conejo a la Italiana

1 Desbaste la carne si es necesario. Pique el tocino y reserve. Pique el ajo y la cebolla, y rebane finamente la zanahoria. Desbaste el apio y pique.

2 Caliente la mantequilla y 1 cucharada de aceite en una cacerola grande y dore el conejo durante 5 minutos, revolviendo con frecuencia, hasta que quede sellado. Transfiera la carne a un plato y reserve.

3 Agregue el ajo, tocino, apio, cebolla y zanahoria a la cacerola y cocine 5 minutos, revolviendo ocasionalmente, hasta que queden tiernos. Regrese la carne a la cacerola y vierta los tomates con su jugo y el vino. Salpimiente al gusto. Suba al hervor, cubra, y hierva a fuego suave 45 minutos.

4 Mientras tanto, limpie los hongos y corte los muy grandes a la mitad. Caliente el resto del aceite en una pequeña sartén y saltee los hongos 2 minutos. Escurra, agregue al conejo y cocine 15 minutos o hasta que esté tierna la carne. Salpimiente al gusto y sirva inmediatamente con la pasta y la ensalada.

INGREDIENTES
Rinde 4 porciones

450 g / 1 lb de carne de conejo en cubos, descongelada o fresca

6 tiras de tocino americano

1 diente de ajo pelado

1 cebolla pelada

1 zanahoria pelada

1 tallo de apio

25 g / 1 oz de mantequilla

2 cucharadas de aceite de oliva

1 lata de 400 g de tomates picados

150 ml / ¼ pt de vino tinto

sal y pimienta negra recién molida

125 g / 4 oz de hongos

PARA SERVIR:

pasta recién preparada
ensalada verde

Consejo del Chef

Si prefiere, compre un conejo entero. Pídale a su carnicero que lo corte en 8 piezas. El método y el tiempo de cocción quedan iguales.

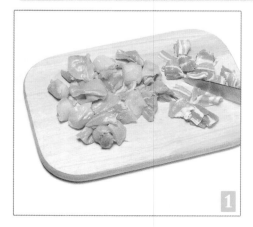

Cordero Asado con Romero y Ajo

1 15 minutos antes de asar, precaliente el horno a 200°C/400°F. Limpie la carne con un trapo limpio y húmedo y colóquela en una charola grande para asar. Con un cuchillo filoso, haga incisiones pequeñas pero profundas en la carne. Rebane 2–3 dientes de ajo para insertarlos en las incisiones junto con los tallos de romero. Salpimiente al gusto y cubra con las rebanadas de pancetta.

2 Rocíe una cucharada de aceite y coloque más tallos de romero sobre la carne. Ase en el horno 30 minutos y luego viértale el vinagre.

3 Pele y corte las papas en cubos grandes. Pele y corte la cebolla en gajos. Pique grueso el resto del ajo. Acomode todo alrededor de la carne. Vierta el resto del aceite sobre las papas. Baje el fuego del horno a 180°C/350°F y ase 1 hora hasta que el cordero esté suave. Decore con tallos de romero frescos y sirva de inmediato con ratatouille.

INGREDIENTES
Rinde 6 porciones

1.6 kg/3½ lb de pierna
  de cordero
8 dientes de ajo pelados
tallos de romero fresco
sal y pimienta negra recién molida
4 rebanadas de pancetta
4 cucharadas de aceite de oliva
4 cucharadas de vinagre
  de vino tinto
900 g/2 lb de papas
1 cebolla grande
tallos de romero frescos, para decorar
ratatouille recién preparado,
  para servir

Consejo del Chef

Si no encuentra una pierna que pese exactamente 1.6 kg/3½ lb, calcule los tiempos de cocción de la siguiente forma: 20 minutos por cada 450g/1 lb más 30 minutos para término rojo, 25 minutos más 30 minutos para mediano y 30 minutos más 30 minutos para bien cocido.

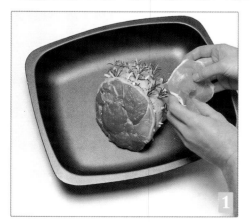

Cordero Dorado con Habas

1 Desbaste el cordero y deseche toda la grasa o pellejo. Vierta la harina en una bolsa de plástico, agregue el cordero y agite hasta que la carne quede completamente enharinada. Pele y rebane la cebolla y el ajo, y reserve. Caliente el aceite en una cacerola pesada y agregue la carne, removiendo hasta que quede bien sellada y dorada. Con una cuchara ranurada pase la carne a un plato y reserve.

2 Agregue la cebolla y el ajo a la cacerola y cocine 3 minutos, removiendo con frecuencia, hasta que queden tiernos. Regrese la carne a la cacerola. Agregue los tomates picados con su jugo, el caldo, el tomillo y el orégano picado. Salpimiente al gusto.

Suba al hervor y cubra con una tapa que embone muy bien. Baje el fuego y hierva a fuego suave 1 hora.

3 Agregue las habas al cordero y hierva a fuego suave 20–30 minutos hasta que el cordero quede tierno. Decore con orégano fresco y sirva con el puré de papas.

INGREDIENTES
Rinde 4 porciones

700 g / 1½ lb de cordero cortado en pedazos grandes

1 cucharada de harina

1 cebolla

2 dientes de ajo

1 cucharada de aceite de oliva

1 lata de 400 g de tomates picados con albahaca

300 ml / ½ pt de caldo de cordero

2 cucharadas de tomillo recién picado

2 cucharadas de orégano recién picado

sal y pimienta negra recién molida

150 g / 5 oz de habas congeladas

orégano fresco, para decorar

puré de papas cremoso, para servir

Consejo Sabroso

Si desea usar habas frescas en temporada, necesitará 450 g / 1 lb de habas en su vaina. Si prefiere pelar las habas, sumérjalas en agua salada hirviendo durante 30 segundos. Escurra y ponga en agua fría. Las pieles saldrán fácilmente.

Spaghetti a la Boloñesa

1 Pele y pique la zanahoria, desbaste y pique el apio, pele y pique la cebolla y el ajo. Caliente una sartén grande antiadherente y saltee la carne y el tocino 10 minutos, removiendo ocasionalmente hasta que queden dorados. Agregue las verduras preparadas a la sartén y cocine 3 minutos o hasta que queden tiernas, removiendo ocasionalmente.

2 Agregue la harina y cocine 1 minuto. Agregue removiendo el vino, los tomates, el puré, las hierbas mixtas y el azúcar. Salpimente al gusto. Suba al hervor, tape y hierva a fuego suave 45 minutos, removiendo ocasionalmente.

3 Mientras tanto, suba al hervor agua ligeramente salada en una cacerola grande y cocine el spaghetti 10–12 minutos, hasta que quede "al dente". Escurra bien y reparta sobre 4 platos de servir. Vierta a cucharadas la salsa y decore con tallos de orégano. Sirva de inmediato con bastante queso parmesano.

INGREDIENTES
Rinde 4 porciones

1 zanahoria

2 tallos de apio

1 cebolla

2 dientes de ajo

450 g / 1 lb de carne de res magra picada

225 g / 8 oz de tocino ahumado americano, picado

1 cucharada de harina

150 ml / ¼ pt de vino tinto

1 lata de 379 g de tomates picados

2 cucharadas de puré de tomate

2 cucharaditas de hierbas mixtas secas

sal y pimienta negra recién molida

1 pizca de azúcar

350 g / 12 oz de spaghetti

tallos de orégano fresco, para decorar

tajadas finas de queso parmesano, para servir

Consejo Sabroso

Esta salsa es ideal para lasaña al horno. Prepare capas de salsa con capas de hojas frescas o precocidas de lasagna. Cubra con salsa bechamel y queso parmesano. Hornee 30–40 minutos en el horno precalentado a 190°C/375°F, hasta que el queso burbujee y se quede dorado.

Albóndigas con Aceitunas

1 Pique finamente 2 chalotes y colóquelos en un recipiente junto con el ajo, la carne, las migas de pan y la albahaca, y salpimiente al gusto. Con las manos húmedas, junte la mezcla y forme albóndigas pequeñas del tamaño de un chabacano.

2 Caliente el aceite de oliva en una sartén y cocine las albóndigas 8–10 minutos, revolviendo ocasionalmente, hasta que queden tiernas y doradas. Retire del fuego y escurra con papel absorbente de cocina.

3 Rebane el resto de los chalotes y vierta a la sartén. Cocine 5 minutos hasta que queden suaves. Mezcle el pesto con el mascarpone

y agregue batiendo a la sartén con las aceitunas. Suba al hervor, reduzca la temperatura y ponga las albóndigas en la sartén. Hierva a fuego suave 5–8 minutos hasta que la salsa espese y las albóndigas estén completamente cocidas.

4 Mientras tanto, suba al hervor una cacerola con agua ligeramente salada y cocine los fideos 8–10 minutos hasta que queden "al dente". Escurra y reserve 2 cucharadas del líquido. Ponga los fideos y el líquido en la cacerola y vierta la salsa. Revuelva y salpique con el perejil picado. Decore con tallos de perejil y sirva de inmediato con el queso parmesano.

INGREDIENTES
Rinde 4 porciones

250 g/9 oz de chalotes pelados

2–3 dientes de ajo pelados

450 g/1 lb de carne de res molida

2 cucharadas de migas de pan fresco blanco o integral

3 cucharadas de albahaca recién picada

sal y pimienta negra recién molida

2 cucharadas de aceite de oliva

5 cucharadas de salsa pesto instantánea

5 cucharadas de queso mascarpone

50 g/2 oz aceitunas negras sin hueso cortadas a la mitad

275 g/10 oz de fideos gruesos

perejil liso recién picado

tallos de perejil plano fresco, para decorar

queso parmesano recién rallado, para servir

Consejo del Chef

Para deshuesar las aceitunas, haga un corte a lo largo de la aceituna y colóquela sobre una tabla para picar con el corte para arriba. Ponga el cuchillo de lado sobre la aceituna (con el filo opuesto a usted) y dele un golpe con la palma de la mano. El hueso saldrá dejando la aceituna en 2 piezas.

Lasaña

INGREDIENTES

Rinde 4 porciones

450 g/1 lb de carne de res magra, picada

175 g/6 oz de pancetta o tocino ahumado americano, picado

1 cebolla grande pelada y picada

2 tallos de apio desbastados y picados

125g/4 oz de hongos blancos limpios y picados

2 dientes de ajo pelados y picados

90 g/3½ oz de harina

300 ml/½ pt de caldo de res

1 cucharada de hierbas mixtas deshidratadas por congelación

5 cucharadas de puré de tomate

sal y pimienta negra recién molida

75 g/3 oz de mantequilla

1 cucharadita de mostaza en polvo inglesa

1 pizca de nuez moscada fresca

900 ml/1½ pt leche

125 g/4 oz de queso parmesano rallado

125 g/4 oz de queso cheddar rallado

8–12 hojas de lasaña precocidas

PARA SERVIR:

pan crujiente

hojas frescas para ensalada

1 15 minutos antes de cocinar, precaliente el horno a 200°C/400°F. Cocine la carne y el tocino en una cacerola grande durante 10 minutos, revolviendo para romper grumos. Agregue la cebolla, el apio y los hongos y cocine 4 minutos o hasta que estén ligeramente tiernos.

2 Agregue batiendo el ajo y 1 cucharada de harina y cocine 1 minuto. Agregue batiendo el caldo, las hierbas y el puré. Salpimiente a gusto. Suba al hervor y cubra. Reduzca el fuego y hierva a fuego suave 45 minutos.

3 Mientras tanto, derrita la mantequilla en una cacerola pequeña, agregue batiendo y mezcle bien el resto de la harina, la mostaza en polvo y la nuez moscada. Cocine 2 minutos. Retire del fuego y mezcle gradualmente con la leche hasta que quede suave. Regrese al fuego y suba al hervor, removiendo hasta que espese. Sin dejar de batir, agregue gradualmente la mitad de los 2 quesos hasta que se derritan. Salpimiente al gusto.

4 Pase la mitad de la mezcla de carne a un refractario grande. Cubra con una capa de pasta y unte con la mitad del queso y la mitad de la salsa. Repita las capas hasta terminar con la de queso. Hornee en el horno 30 minutos o hasta que la pasta quede cocida y el queso de arriba dorado y burbujeante. Sirva de inmediato con el pan y la ensalada.

Consejo del Chef

Este platillo es muy útil para recibir visitas. Coloque las capas de lasaña, salsa y queso con anticipación y refrigere o congele hasta que la necesite. Deje subir a temperatura ambiente o descongele completamente y cocine según el paso 4, agregando unos 5 minutos más al horneado.

Filete de Res con Salsa de Tomate y Ajo

1 Haga un pequeño corte en cruz en la parte superior de cada tomate y colóquelos en un recipiente grande. Cúbralos con agua hirviendo y deje reposar 2 minutos. Retire los tomates con una cuchara ranurada y quíteles la piel. Corte los tomates en cuartos, retire las semillas, pique grueso y reserve.

2 Pele y pique los ajos. Caliente la mitad del aceite en una cacerola y fría los ajos 30 segundos. Agregue los tomates picados con la albahaca, el orégano, el vino y salpimiente al gusto. Suba al hervor, reduzca el fuego y hierva a fuego suave 15 minutos, removiendo ocasionalmente, o hasta que la salsa quede espesa y reducida. Agregue las aceitunas removiendo y mantenga caliente mientras prepara los filetes.

3 Enaceite ligeramente una sartén pesada con el resto del aceite y cocine los filetes 2 minutos de cada lado o hasta que se sellen. Siga cocinando los filetes otros 2–4 minutos, según el término de su preferencia. Sirva de inmediato con la salsa de ajo y las verduras recién preparadas.

Consejo del Chef

Los filetes de res deben tener un color caoba profundo y un buen marmoleado de grasa. Si la carne es roja brillante y la grasa blanca brillante es porque no se añejó correctamente y por lo tanto será bastante dura.

INGREDIENTES
Rinde 4 porciones

700 g/1½ lb de tomates maduros
2 dientes de ajo
2 cucharadas de aceite de oliva
2 cucharadas de albahaca recién picada
2 cucharadas de orégano recién picado
2 cucharadas de vino tinto
sal y pimienta negra recién molida
75 g/3 oz de aceitunas deshuesadas, picadas
4 filetes de res de 175 g/6 oz c/u
verduras recién cocidas, para servir

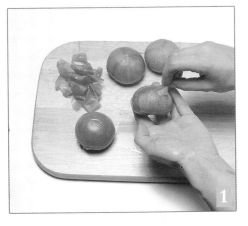

Escalopas de Ternera en Salsa Marsala

1 Coloque la carne entre hojas de polipapel y con un martillo o rodillo aplane las escalopas a 5 mm / ¼ in de espesor. Retire el papel y salpique la carne con jugo de limón, sal y pimienta negra.

2 Coloque una hoja de salvia en el centro de cada escalopa y sobre ésta una rebanada de prosciutto del tamaño justo. Envuelva el jamón y la hoja con la carne. Asegure la envoltura con un palillo.

3 Caliente el aceite y la mantequilla en una sartén antiadherente de teflón y fría las cebollas 5 minutos o hasta que queden tiernas. Agregue el ajo y los rollos de carne y cocine 8 minutos, volteando ocasionalmente, hasta que las escalopas queden doradas.

4 Agregue el vino y la crema a la sartén y suba al hervor, cubra y hierva a fuego suave 10 minutos o hasta que la carne quede suave. Salpimiente al gusto y espolvoree el perejil. Deseche los palillos y sirva de inmediato con las verduras.

INGREDIENTES
Rinde 6 porciones

6 escalopas de ternera de
   125 g/4 oz cada una
jugo de limón
sal y pimienta negra recién molida
6 hojas de salvia
6 rebanadas de prosciutto
2 cucharadas de aceite de oliva
25 g/1 oz de mantequilla
1 cebolla pelada y rebanada
1 diente de ajo pelado y picado
2 cucharadas de vino Marsala
4 cucharadas de crema doble
2 cucharadas de perejil recién
   picado
hojas de salvia para decorar
verduras recién preparadas,
   para servir

Consejo Sabroso

Si prefiere no usar ternera, sustituya con rebanadas delgadas de lomo de puerco sin hueso o pechuga de pavo o pollo. Las hojas de salvia se pueden remplazar con tallos de albahaca y, para variar, use un poco de queso gruyere rebanado. El polipapel se puede encontrar en algunas carnicerías.

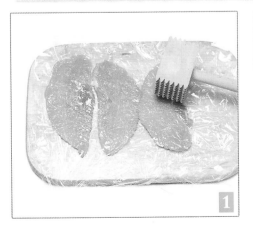

Canelones

1 10 minutos antes de cocinar, precaliente el horno a 190°C/375°F. Caliente el aceite en una sartén y fría la carne y los hígados por 5 minutos, revolviendo ocasionalmente, o hasta que queden dorados. Con un cucharón de madera rompa los grumos que se formen.

2 Agregue la cebolla y el ajo y cocine 4 minutos o hasta que estén tiernos. Agregue la espinaca, el orégano, la nuez moscada y salpimiente al gusto. Cocine hasta que todo el líquido se evapore. Retire del fuego y deje enfriar. Agregue el queso removiendo.

3 Mientras tanto, en un pequeño recipiente derrita la mantequilla y mezcle con la harina para hacer una salsa rubia. Cocine 2 minutos, removiendo ocasionalmente. Retire del fuego y mezcle con la leche hasta que quede uniforme. Regrese al fuego, suba al hervor y remueva hasta que la salsa espese. Reserve.

4 Unte una capa delgada de salsa de tomate en la base de un refractario. Rellene los 16 canelones con la carne picada. Acomódelos sobre el refractario y agregue el resto de la salsa de tomate.

5 Vierta la salsa rubia y espolvoree el queso parmesano. Hornee durante 30–35 minutos o hasta que los tubos queden tiernos y la superficie dorada. Sirva de inmediato con la ensalada.

Consejo Sabroso

Para hacer canelones de pollo, use 225 g/8 oz de pechuga de pollo deshuesada y picada finamente en la licuadora. También se encuentra pollo molido en supermercados.

INGREDIENTES
Rinde 4 porciones

2 cucharadas de aceite de oliva

175 g/6 oz de carne molida de puerco

75 g/3 oz de hígados de pollo picados

1 cebolla pequeña, pelada y picada

1 diente de ajo pelado y picado

175 g/6 oz de espinacas congeladas, descongeladas

1 cucharada de orégano deshidratado por congelación

1 pizca de nuez moscada recién rallada

sal y pimienta negra recién molida

175 g/6 oz de queso ricota

25 g/1 oz de mantequilla

25 g/1 oz de harina

600 ml/1 pt de leche

600 ml/1 pt de salsa de tomate en lata

16 canelones precocidos

50 g/2 oz de queso parmesano rallado

ensalada verde, para servir

Vitello Tonnato
(Ternera en Salsa de Atún)

1 Acomode la ternera en un recipiente grande y vierta el vino. Agregue la cebolla, la zanahoria, el ajo, el perejil, la sal y la pimienta. Cubra muy bien y refrigere toda la noche. Transfiera a una cacerola grande y agregue agua suficiente para cubrir la carne. Suba al hervor y hierva a fuego suave 1–1¼ horas o hasta que quede tierna la carne.

2 Retire del fuego y deje enfriar. Después con una cuchara ranurada retire la carne del jugo, séquela con papel absorbente de cocina y reserve.

3 Coloque el atún, las alcaparras, las anchoas, la mayonesa y el jugo de limón en una licuadora y mezcle, agregando unas cucharadas del jugo de la carne, hasta que quede uniforme y con suficiente consistencia para que se pueda untar. Salpimente al gusto.

4 Con un cuchillo filoso rebane finamente la carne y acomode en un plato para servir.

5 Unte la salsa sobre la carne. Cubra con plástico autoadherible y refrigere toda la noche. Decore con gajos de limón, alcaparras y aceitunas. Sirva con la ensalada y los tomates.

Consejo Sabroso

Compre atún en aceite de oliva pues es el que tiene mejor sabor para éste platillo. Escurra bien para eliminar cualquier exceso de aceite.

INGREDIENTES
Rinde 6–8 porciones

900 g/2 lb de lomo de ternera
300 ml/½ pt de vino blanco seco
1 cebolla pelada y picada
1 zanahoria pelada y picada
2 tallos de apio, desbastados y picados
1 hoja de laurel
2 dientes de ajo
tallos de perejil fresco
sal y pimienta negra recién molida
1 lata de 200 g de atún en aceite
2 cucharadas de alcaparras escurridas
6 filetes de anchoa
200 ml/7 fl oz de mayonesa
jugo de ½ limón

PARA DECORAR:
gajos de limón
alcaparras
aceitunas negras

PARA SERVIR:
hojas frescas de ensalada
gajos de tomate

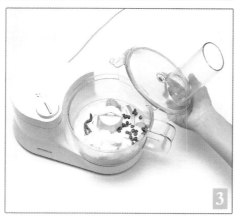

Cacerola a la Italiana

1 10 minutos antes de cocinar, precaliente el horno a 150°C/300°F. Coloque la carne en un recipiente. Agregue las cebollas, el ajo, el apio y las zanahorias. Coloque los tomates en una olla con agua hirviendo por 2 minutos, escurra y arranque la piel. Deseche las semillas, pique y agregue al recipiente junto con el vino. Cubra bien y marine toda la noche en el refrigerador.

2 Retire la carne marinada del recipiente y seque con papel absorbente de cocina. Caliente el aceite en una cacerola grande y cocine la carne hasta que quede bien dorada. Retire de la cacerola. Escurra las verduras y reserve la marinada. Agregue las verduras a la cacerola y fría a fuego suave 5 minutos, removiendo ocasionalmente, hasta que queden doradas.

3 Regrese la carne a la cacerola junto con la marinada, el caldo de res, el puré, las hierbas mixtas y salpimiente. Suba al hervor, cubra y hornee 3 horas.

4 Con una cuchara ranurada transfiera la carne y las verduras grandes a un plato y reserve en un lugar caliente. Mezcle la mantequilla y la harina hasta formar una pasta. Suba al hervor el líquido de la cacerola y gradualmente agregue batiendo pequeñas cucharadas de la pasta. Cocine hasta que espese. Sirva con la salsa y una selección de verduras.

INGREDIENTES
Rinde 6 porciones

1.8 kg / 4 lb de corazón de pecho de res

225 g / 8 oz de cebollas pequeñas peladas

3 dientes de ajo pelados y picados

2 tallos de apio desbastados y picados

2 zanahorias peladas y rebanadas

450 g / 1 lb de tomates maduros

300 ml / ½ pt de vino tinto italiano

2 cucharadas de aceite de oliva

300 ml / ½ pt de caldo de res

1 cucharada de puré de tomate

2 cucharaditas de hierbas mixtas deshidratadas por congelación

sal y pimienta negra recién molida

25 g / 1 oz de mantequilla

25 g / 1 oz de harina

verduras recién cocidas, para servir

Consejo del Chef

Raramente se vende corazón de pecho de res en los supermercados, pero se encuentra en buenas carnicerías. Es un corte excelente en todo tipo de platillos de carne cocida. Al comprarlo asegure que se desbaste profesionalmente, porque puede tener mucha grasa y cartílago.

Albóndigas Italianas en Salsa de Tomate

1 Para preparar la salsa de tomate, caliente la mitad del aceite en una cacerola y sofría la mitad de la cebolla durante 5 minutos hasta que esté tierna.

2 Agregue el ajo, los tomates, la pasta de tomates, las hierbas mixtas y el vino tinto a la cacerola y salpimiente al gusto. Revuelva bien para que quede uniforme. Suba al hervor, cubra y hierva a fuego suave 15 minutos.

3 Para hacer las albóndigas, coloque en un recipiente grande el puerco, las migas, el resto de la cebolla, la yema y la mitad del queso parmesano. Salpimiente bien y mezcle todo con las manos. Divida en 20 bolas.

4 Aplane 1 bola en la palma de su mano y acomode una aceituna en el centro. Presione la carne alrededor de la aceituna hasta encerrarla completamente. Repita con las demás aceitunas y la mezcla.

5 Coloque las albóndigas en una charola para hornear, cubra con plástico autoadherible y refrigere 30 minutos.

6 Caliente el resto del aceite en una sartén grande y fría las albóndigas 8–10 minutos, volteando ocasionalmente, hasta que queden bien doradas. Vierta la salsa y caliente bien. Salpique el cebollín y el resto del queso. Sirva de inmediato con la pasta.

Consejo Sabroso

Hay gran cantidad de aceitunas rellenas fácilmente disponibles. Para esta receta, pruebe aceitunas rellenas con pimiento, con almendras o incluso con anchoas.

INGREDIENTES
Rinde 4 porciones

PARA LA SALSA DE TOMATE:
4 cucharadas de aceite de oliva
1 cebolla grande pelada y finamente picada
2 dientes de ajo pelados y picados
1 lata de 400g de tomates picados
1 cucharada de pasta de tomates secados al sol
1 cucharada de hierbas mixtas secas
150 ml / ¼ pt de vino tinto
sal y pimienta negra recién molida

PARA LAS ALBÓNDIGAS:
450 g / 1 lb de carne de puerco fresca picada
50 g / 2 oz de migas de pan fresco
1 yema de huevo
75 g / 3 oz de queso parmesano rallado
20 aceitunas verdes pequeñas, rellenas
cebollín recién picado, para decorar
pasta recién preparada, para servir

Hígado de Ternera a la Italiana

1 Corte el hígado en rebanadas delgadas y coloque en un plato poco profundo. Rocíe con la cebolla, el laurel, el perejil, la salvia y los granos de pimienta. Mezcle la jalea con una cucharada de aceite y el vinagre. Vierta sobre el hígado, cubra y marine por lo menos 30 minutos. Voltee la carne ocasionalmente o vierta sobre ella cucharadas de la marinada.

2 Retire el hígado de la marinada, cuele el líquido y reserve. Salpimiente la harina y cubra la carne con esta mezcla. Agregue el resto del aceite a una sartén pesada y saltee el ajo y los pimientos 5 minutos. Con una cuchara ranurada, retírelos de la sartén.

3 Agregue el hígado a la sartén, suba a fuego alto y cocine hasta que la carne quede dorada por todos lados. Regrese el ajo y los pimientos a la sartén y agregue la marinada, los tomates secos y el caldo. Suba al hervor, baje a fuego suave y hierva 3–4 minutos o hasta que el hígado quede cocido. Agregue más sazón, decore con hojas de salvia y sirva con las papas.

Consejo Sabroso

Tenga cuidado de no sobrecocer el hígado porque se pone duro y seco aun si se preparó en salsa. Es mejor dejar el hígado ligeramente rosado al centro.

INGREDIENTES
Rinde 4 porciones

450 g / 1 lb de hígado de ternera, desbastado

1 cebolla pelada y rebanada

2 hojas de laurel en pedazos grandes

tallos de perejil fresco

hojas de salvia frescas

5 granos de pimienta negra ligeramente machacados

1 cucharada de jalea de grosellas rojas, caliente

4 cucharadas de aceite de oliva o de nuez

4 cucharadas de vinagre de vino tinto

3 cucharadas de harina

sal y pimienta negra recién molida

2 dientes de ajo pelados y machacados

1 pimiento rojo, desvenado y rebanado

1 pimiento amarillo, desvenado y rebanado

3 cucharadas de tomates secados al sol, picados

150 ml / ¼ pt de caldo de pollo

hojas de salvia frescas, para decorar

cubitos de papas salteadas, para servir

Pollo Asado al Azafrán con Cebollas Crujientes

1 Precaliente el horno a 200°C/ 400°F. Suelte el pellejo de la pechuga deslizando suavemente la mano entre ambos. Haga una crema mezclando 50 g/2 oz de mantequilla con el azafrán, la cáscara de limón y la mitad del perejil, hasta que se integren. Inserte la mezcla debajo del pellejo y unte la pechuga y la parte superior de los muslos con los dedos. Jale el pellejo del cuello para ajustar el de la pechuga y pliegue. Asegure con palillos.

2 Caliente el aceite de oliva y el resto de la mantequilla en una sartén grande y pesada, fría la cebolla y el ajo 5 minutos o hasta que la cebolla quede tierna. Agregue, sin dejar de remover, las semillas de comino, los piñones, la canela y las pasas y cocine 2 minutos.

Salpimiente al gusto y coloque en una charola para hornear.

3 Acomode el pollo, pechuga abajo, sobre la base de cebolla y ase en el horno 45 minutos. Baje el fuego a 170°C/325°F. Voltee el pollo con la pechuga hacia arriba y agite la cebolla. Siga asando hasta que el pollo tome un color amarillo oro profundo y que las cebollas estén crujientes. Deje reposar 10 minutos y espolvoree con el resto del perejil. Antes de servir, decore con el tallo de perejil y sirva de inmediato con las cebollas y el ajo.

INGREDIENTES
Rinde 4–6 porciones

1.6 kg/3½ lb de pollo listo para rostizar

75 g/3 oz de mantequilla suavizada

1 cucharadita de estigmas de azafrán ligeramente tostados

cáscara rallada de 1 limón

2 cucharadas de perejil liso recién picado

2 cucharadas de aceite de oliva extra virgen

450 g/1 lb de cebollas peladas y cortadas en gajos delgados

8–12 dientes de ajo pelados

1 cucharadita de semillas de comino

½ cucharadita de canela molida

50 g/2 oz de piñones

50 g/2 oz de pasas sin semilla

sal y pimienta negra recién molida

tallo de perejil liso fresco para decorar

Consejo del Chef

Al asar el pollo primero con la pechuga abajo se asegura que la carne blanca quede jugosa. Al voltear el pollo a la mitad del proceso, se logra que la piel quede dorada y crujiente.

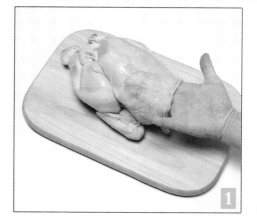

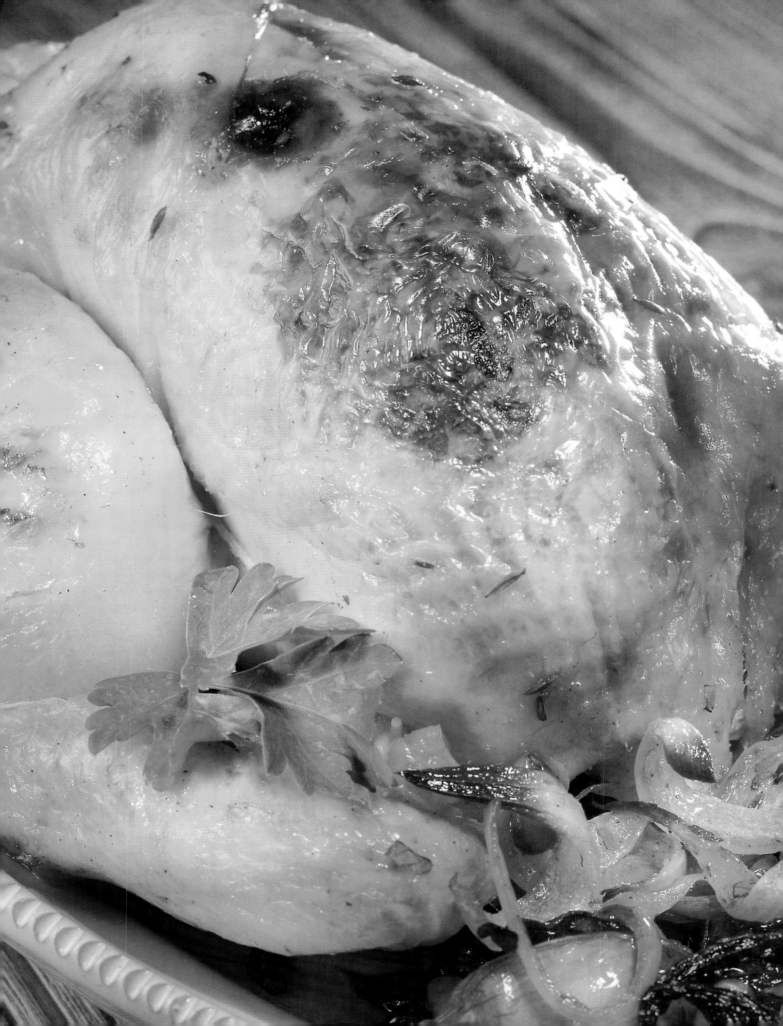

Faisán con Hongos Portobello y Salsa de Vino Tinto

1 Precaliente el horno a 180°C/ 350°F. Caliente la mantequilla y el aceite en una sartén grande o cacerola. Agregue las mitades de faisán y los chalotes en grupos, si es necesario, y cocine 10 minutos, o hasta que estén dorados por todos lados. Agite la cacerola para glasear los chalotes. Transfiera a una cacerola suficientemente grande para contener las piezas en una sola capa. Agregue los hongos y el tomillo a la sartén y cocine 2–3 minutos hasta que tomen color. Transfiera a la cacerola grande.

2 Agregue el vino a la sartén, deberá burbujear y humear. Cocine revolviendo y despegue las piezas pegadas a la sartén; deje que se reduzca a la mitad. Vierta el caldo, suba al hervor y luego vierta sobre

las aves. Cubra y dore en el horno 50 minutos o hasta que quede tierno. Retire las mitades de faisán y las verduras y colóquelas en un platón ancho para servir. Deje la cacerola sobre fuego medio.

3 Retire de la superficie cualquier grasa y suba al hervor. Mezcle la maicena con el vinagre y agregue batiendo a la salsa con la jalea. Hierva hasta reducir y espesar un poco la salsa. Agregue batiendo el perejil y salpimiente al gusto. Vierta sobre el faisán, decore con tallos de tomillo y sirva de inmediato.

INGREDIENTES
Rinde 4 porciones

25 g/1 oz de mantequilla

1 cucharada de aceite de oliva

2 faisanes pequeños, enjuagados, secos y partidos en 2

8 chalotes pelados

300 g/11 oz de hongos portbello, rebanados grueso

2–3 tallos de tomillo o romero fresco, con las hojas desgajadas

300 ml/½ pt de vino tinto Valpolicella

300 ml/½ pt de caldo de pollo

1 cucharada de maicena

2 cucharadas de vinagre balsámico

2 cucharadas de jalea de grosellas, o cantidad al gusto

2 cucharadas de perejil liso recién picado

sal y pimienta negra recién molida

tallos de tomillo fresco para decorar

Consejo del Chef

Para partir los faisanes, corte a lo largo del esternón y jale para desprender la pechuga de la caja torácica. Corte a través del muslo donde se junta con la espalda y corte del otro lado del pecho para obtener las mitades.

Faisán con Salvia y Moras Azules

1 10 minutos antes de cocinar, precaliente el horno a 180°C/350°F. Coloque el aceite, los chalotes, la salvia, el laurel y el jugo del limón en un recipiente. Salpimente. Inserte cada mitad exprimida de limón en el cuerpo de las aves con 75 g/3 oz de las moras. Use la mezcla para marinar durante 2–3 horas, bañando ocasionalmente.

2 Retire las aves de la marinada y cubra ambas con 2 rebanadas de jamón de Parma. Amarre las piernas de cada una con cuerda y colóquelas en una charola para asar. Vierta sobre ellas la marinada y agregue el vermouth. Ase 1 hora o hasta que queden tiernas y doradas, y sus jugos salgan libremente al picar el muslo con un tenedor.

3 Transfiera a un plato de servir caliente, desate las piernas y cubra con papel de aluminio. Retire la grasa de la superficie de la charola y ponga sobre fuego medio.

4 Agregue el caldo a la charola y suba al hervor hasta reducir un poco, raspando las partes pegadas en el fondo. Agregue removiendo la crema o mantequilla (si la desea), y hierva a fuego suave, removiendo continuamente, hasta espesar. Agregue batiendo el brandy. Cuele todo sobre una salsera. Agregue las moras y mantenga caliente.

5 Con un cuchillo filoso, corte las aves por la mitad y acomódelas sobre el platón con el jamón crujiente. Sirva de inmediato con las papas y la salsa.

INGREDIENTES
Rinde 4 porciones

3 cucharadas de aceite de oliva
3 chalotes pelados y picados grueso
2 tallos de salvia fresca picada grueso
1 hoja de laurel
1 limón cortado en mitades
sal y pimienta negra recién molida
2 faisanes o gallinas de guinea, enjuagados y secos
125 g/4 oz de moras azules
4 rebanadas de jamón de Parma o tocino
125 ml/4 fl oz de vermouth o vino blanco seco
200 ml/⅓ pt de caldo de pollo
3 cucharadas de crema doble o mantequilla (opcional)
1 cucharada de brandy
papas asadas, para servir

Pollitos Deshuesados con Mantequilla de Ajo y Salvia

1 Precaliente la parrilla de la estufa o la parrilla de carbón y forre su charola con aluminio justo antes de cocinar. Coloque el ajo en una pequeña olla con agua y suba al hervor. Hierva a fuego suave 5 minutos o hasta que estén tiernos. Escurra y deje enfriar un poco. Corte el lado de la raíz de cada diente y exprima la pulpa de ajo sobre un recipiente.

2 Machaque el ajo hasta que quede suave. Agregue batiendo la mantequilla, los cebollines y la cáscara de limón con su jugo. Salpimente al gusto.

3 Separe la piel de la pechuga de cada pollito suavemente con las puntas de los dedos. Inserte una cuarta parte de la mantequilla entre la piel y la carne y extienda la mezcla uniformemente sobre las pechugas y la parte superior de los muslos. Jale la piel del cuello para estirar la de la pechuga y pliegue. Repita con los pollitos y la mantequilla restantes.

4 Ensarte 2 alambres a través de ambas aves, desde una ala hasta la pierna opuesta, para mantenerlas planas. Barnice con aceite de oliva y salpimente.

5 Acomode los pollitos sobre la charola y ase 25 minutos, volteando ocasionalmente, hasta que queden dorados y crujientes y sus jugos broten al ser picados con un tenedor. (Coloque la charola a 12.5 cm/5 in del fuego para asegurar que la piel no se dore antes de estar lista la carne). Decore con cebollines y salvia. Sirva de inmediato con la polenta y los tomates asados.

INGREDIENTES
Rinde 4 porciones

PARA LA MANTEQUILLA DE HIERBAS:
6 dientes de ajo grandes
150 g/5 oz de mantequilla derretida
2 cucharadas de cebollín recién picado
2 cucharadas de salvia recién picada
cáscara rallada y jugo de 1 limón pequeño
sal y pimienta negra recién molida

PARA LOS POLLITOS:
4 pollitos deshuesados que tengan entre 4–6 semanas
2 cucharadas de aceite de oliva extra virgen

PARA DECORAR:
cebollín
hojas frescas de salvia

PARA SERVIR:
polenta a la parrilla (vea la receta en la página 184)
tomates a la parrilla

Pollo Cacciatore

1 Caliente 1 cucharada de aceite de oliva en una sartén profunda y agregue la pancetta o el tocino y sofría 2–3 minutos o hasta que quede dorado y crujiente. Con una cuchara ranurada, transfiera a un plato y reserve.

2 Salpimiente la harina y enharine el pollo. Caliente el resto del aceite y dore el pollo por todos lados durante 15 minutos. Retire de la sartén y reserve con el tocino.

3 Agregue removiendo el ajo a la sartén y fría alrededor de 30 segundos. Agregue el vino y cocine batiendo y despegando los ingredientes pegados a la base.

Hierva el vino hasta reducirlo a la mitad. Agregue los tomates, el caldo, las cebollas, el laurel, el azúcar y el orégano. Revuelva bien. Salpimiente al gusto.

4 Regrese el pollo y el tocino a la sartén. Suba al hervor. Cubra y hierva a fuego suave 30 minutos. Agregue removiendo el pimiento y cocine otros 15-20 minutos o hasta que el pollo y las verduras queden tiernos y la salsa reducida y ligeramente espesa. Agregue removiendo el perejil y sirva de inmediato con tagliatelle.

Consejo Sabroso

Use hongos con más sabor que los de bola si los encuentra.
Éstos, además, agregan color a la salsa.

INGREDIENTES
Rinde 4 porciones

2–3 cucharadas de aceite de oliva

125 g/4 oz de pancetta o tocino americano en cubos

25 g/1 oz de harina

sal y pimienta negra recién molida

1.4–1.6 kg/3–3½ lb de pollo cortado en 8 piezas

2 dientes de ajo pelados y picados

125 ml/4 fl oz de vino tinto

1 lata de 400 g de tomates picados

150 ml/¼ pt de caldo de pollo

12 cebollas pequeñas, peladas

1 hoja de laurel

1 cucharadita de azúcar morena

1 cucharadita de orégano seco

1 pimiento verde, desvenado y picado

225 g/8 oz de hongos de bola picados grueso

2 cucharadas de perejil recién picado

tagliatelle recién preparado para servir

Pollo al Limón con Papas, Romero y Aceitunas

1 15 minutos antes de cocinar, precaliente el horno a 200°C/400°F. Desbaste los muslos y colóquelos en un refractario lo suficientemente grande para acomodarlos en una sola capa. Con un cuchillo filoso, ralle finamente la cáscara del limón o forme tiras finas en juliana. Reserve la mitad y agregue el resto al pollo. Exprima el limón sobre el pollo. Revuelva para bañar bien el pollo y deje reposar 10 minutos.

2 Transfiera el pollo a una charola para hornear. Agregue el resto de las cascaritas de limón, el aceite, el ajo, las cebollas y la mitad de los tallos de romero. Revuelva suavemente y deje reposar 20 minutos.

3 Cubra las papas con agua ligeramente salada. Suba al hervor y cocine 2 minutos. Escurra bien y agregue al pollo. Salpimiente al gusto.

4 Ase el pollo en el horno 50 minutos, volteándolo con frecuencia y bañándolo con la mezcla, hasta que el pollo esté cocido. Justo antes de terminar, retire los tallos de romero y agregue tallos frescos. Agregue las aceitunas y revuelva. Sirva de inmediato con las zanahorias y calabacitas.

Consejo del Chef

Para cualquier platillo en el que se come la cáscara del limón, vale la pena comprar limones sin cera. Si no los encuentra, retire la cera con un cepillo y agua caliente antes de cortar la cascarita.

INGREDIENTES
Rinde 6 porciones

12 muslos de pollo deshuesados y despellejados

1 limón grande

125 ml/4 fl oz de aceite de oliva extra virgen

6 dientes de ajo pelados y rebanados

2 cebollas peladas y rebanadas finamente

1 manojo de tallos de romero fresco

1.1 kg/2½ lb de papas peladas y cortadas en piezas de 4 cm/1½ in

sal y pimienta negra recién molida

18–24 aceitunas negras sin hueso

PARA SERVIR:
zanahorias al vapor
calabacitas

Pollo con Hongos Porcini y Crema

1 Caliente el aceite en una sartén pesada, agregue las pechugas con la piel para abajo, y cocine 10 minutos o hasta que queden bien doradas. Retírelas y reserve. Agregue el ajo, revuélvalo con los jugos y cocine 1 minuto.

2 Vierta el vermouth o vino en la sartén, salpimiente y agregue el pollo. Suba al hervor y luego hierva a fuego suave 20 minutos o hasta que quede tierno.

3 En otra sartén grande, caliente la mantequilla y agregue los hongos. Sofría 5 minutos o hasta que los hongos estén tiernos y dorados.

4 Agregue los hongos y sus jugos al pollo. Salpimiente al gusto. Agregue el orégano. Mezcle suavemente y cocine otro minuto. Transfiera a un platón grande de servir y decore con tallos de albahaca, si lo desea. Sirva de inmediato con el arroz.

INGREDIENTES
Rinde 4 porciones

2 cucharadas de aceite de oliva
4 pechugas de pollo deshuesadas
2 dientes de ajo pelados y machacados
150 ml / ¼ pt de vermouth seco o vino blanco seco
sal y pimienta negra recién molida
25 g / 1 oz de mantequilla
450 g / 1 lb de hongos porcini o silvestres, en rebanadas gruesas
1 cucharada de orégano recién picado
tallos de albahaca para decorar (opcional)
arroz recién preparado, para servir

Consejo Sabroso

Los hongos porcini, o "cep", son silvestres y difíciles de conseguir fuera de Europa. Frescos son extremadamente caros. Es más fácil encontrarlos secos. Escoja los de color dorado a café pálido y evite los que parecen desmigajarse. Necesitará 15 g / ½ oz. Puede usar hongos cultivados en esta receta.

Consejo del Chef

Si usa hongos secos, cúbralos con agua casi hirviendo y déjelos 20 minutos. Escurra y cuele el líquido para usarlo posteriormente.

Escalopas de Pavo Marsala con Berros Acitronados

1 Coloque cada escalopa entre dos hojas de papel encerado y aplánelo con un rodillo o mazo para dejarla de 3 mm/⅛ in de espesor. Ponga la harina en un recipiente pequeño, agregue el tomillo, salpimiente al gusto, revuelva y mezcle. Cubra bien cada escalopa con esta mezcla por ambos lados y reserve.

2 Caliente el aceite en una sartén grande, agregue los berros y sofría unos 2 minutos hasta que queden casi acitronados y de color brillante. Salpimiente. Con una cuchara ranurado transfiera a un plato y mantenga caliente.

3 Agregue la mitad de la mantequilla a la sartén y derrita. Agregue los hongos. Sofría 4 minutos o hasta que queden tiernos y dorados. Retire del calor y reserve.

4 Agregue el resto de la mantequilla a la sartén. Añada las escalopas (trabaje en grupos si es necesario) y cocine 2-3 minutos de cada lado o hasta que queden doradas y cocidas completamente; agregue el resto del aceite si es necesario. Retire de la sartén y manténgalas calientes.

5 Agregue el vino y revuelva, despegando los trozos pegados al fondo de la sartén. Agregue el caldo o agua y suba al hervor a fuego fuerte. Verifique la sazón.

6 Regrese las escalopas y hongos a la sartén y recaliente suavemente hasta que estén bien calientes. Reparta los berros entre 4 platos de servir.

7 Acomode una escalopa sobre cada cama de berros y vierta la salsa de hongos. Sirva de inmediato.

INGREDIENTES
Rinde 4 porciones

4 escalopas de pavo, de 150 g/5 oz cada una
25 g/1 oz de harina
½ cucharadita de tomillo seco
sal y pimienta negra recién molida
1–2 cucharadas de aceite de oliva
125 g/4 oz de berros
40 g/1½ oz de mantequilla
225 g/8 oz de hongos limpios y cuarteados
50 ml/2 fl oz de vino Marsala seco
50 ml/2 fl oz de caldo de pollo o agua

Consejo Sabroso

Las escalopas de pavo son sencillamente cortes delgados de pechuga de pavo que se aplanan. Si no las encuentra, sustitúyalas con pechugas de pollo, partidas en 2 y aplanadas entre dos hojas de polipapel.

Pollo al Limón con Albahaca y Linguini

1 Mezcle en un recipiente grande la cáscara y el jugo de limón, el ajo, la mitad del aceite, la sal y la pimienta. Agregue las piezas de pollo y agite para cubrirlas bien. Deje reposar una hora, revolviendo ocasionalmente.

2 Caliente el resto del aceite en una sartén grande de teflón y fría la cebolla 3–4 minutos o hasta que quede ligeramente suave. Con una cuchara ranurada, escurra el pollo y agregue a la sartén. Reserve la marinada. Fría 2–3 minutos o hasta que queden dorados. Agregue el apio y los hongos. Cocine otros 2–3 minutos.

3 Espolvoree la harina y revuelva para bañar el pollo y las verduras. Poco a poco agregue batiendo el vino hasta formar una salsa espesa. Después agregue y revuelva el caldo y la marinada. Suba al hervor revolviendo continuamente. Cubra y hierva a fuego suave 10 minutos y agregue el resto de la albahaca, sin dejar de batir.

4 Mientras tanto, suba al hervor una cacerola con agua ligeramente salada. Agregue lentamente el linguini y hierva a fuego suave –10 minutos o hasta que quede "al dente". Escurra muy bien y vierta en un platón de servir. Derrame encima la salsa y decore con la cascarita de limón y hojas de albahaca. Sirva de inmediato.

Consejo Sabroso

Prepare el aceite de oliva con albahaca poniendo en una licuadora un manojo de albahaca picada. Agregue 3–4 cucharadas de aceite de oliva de buena calidad y forme un puré. Cuele con un colador de perforaciones finas. Este aceite no se conserva bien, por lo que debe usarse de inmediato.

INGREDIENTES
Rinde 4 porciones

cáscara rallada y jugo de 1 limón

2 dientes de ajo pelados y machacados

2 cucharadas de aceite de oliva extra virgen con albahaca

4 cucharadas de albahaca recién picada

sal y pimienta negra recién molida

450 g / 1 lb de pechuga de pollo deshuesada y cortada en pedazos tamaño bocadillo

1 cebolla pelada y picada finamente

3 tallos de apio desbastados y rebanados finamente

175 g / 6 oz de hongos limpios, cortados a la mitad

2 cucharadas de harina

150 ml / ¼ pt de vino blanco

150 ml / ¼ pt de caldo de pollo

350–450 g / 12 oz–1 lb de linguini

PARA DECORAR:
cascarita de limón

hojas de albahaca frescas

Hígado de Pollo en Salsa de Tomate con Tagliolini

1 Caliente la mitad del aceite en una sartén grande y pesada. Agregue la cebolla. Cocine 4–5 minutos, revolviendo frecuentemente, hasta que quede tierna y transparente. Agregue el ajo y cocine otro minuto.

2 Agregue el vino y cocine, revolviendo hasta reducirlo a la mitad. Agregue los tomates, el puré, y la mitad de la salvia o el tomillo. Suba al hervor, revolviendo para romper los tomates. Hierva a fuego suave 30 minutos, revolviendo ocasionalmente, o hasta que se reduzca y espese la salsa. Salpimiente al gusto.

3 Suba al hervor una cacerola con agua ligeramente salada. Agregue la pasta y cocine 7–10 minutos o hasta que esté "al dente".

4 Mientras tanto, derrita el resto del aceite y la mantequilla en una sartén grande y pesada, hasta que estén muy calientes. Seque los hígados y espolvoree con un poco de harina. Agregue a la sartén poco a poco y cocine 5 minutos o hasta que queden dorados y crujientes. Revuelva con frecuencia. Los hígados deben quedar rosados al centro.

5 Escurra bien la pasta y viértala en un platón de servir caliente. Mezcle los hígados con la salsa cuidadosamente y luego vierta la salsa sobre la pasta. Revuelva suavemente para mezclar todo. Decore con tallos de salvia y sirva de inmediato.

Consejo del Chef

Muchas recetas con vino requieren que se hierva para reducirlo a la mitad. Esto elimina el alcohol y concentra el sabor. Sin la reducción, la salsa tendrá sabor amargo a vino oxidado.

INGREDIENTES
Rinde 4 porciones

50 ml/2 fl oz de aceite de oliva extra virgen

1 cebolla pelada y picada finamente

2 dientes de ajo pelados y picados finamente

125 ml/4 fl oz de vino tinto seco

2 latas de 400 g c/u de tomates saladet pelados con jugo

1 cucharada de puré de tomate

1 cucharada de hojas de salvia o tomillo recién picadas

sal y pimienta negra recién molida

350 g/12 oz de pasta tagliolini, papardelle o tagliatelle fresca o seca

25 g/1 oz de mantequilla

225 g/8 oz de hígados de pollo frescos, desbastados y cortados a la mitad

harina para espolvorear

tallos de salvia para decorar (opcional)

Canelones de Pollo Cremoso

1 10 minutos antes de cocinar, precaliente el horno a 190°C/ 375°F. Unte un refractario de 28 x 23 cm/11 x 9 in con un poco de mantequilla. Caliente la mitad de la mantequilla en una sartén grande y pesada. Agregue el ajo y los hongos y fría a fuego suave 5 minutos. Agregue revolviendo la albahaca y la espinaca y cocine, tapado, hasta que la espinaca quede acitronada y tierna. Revuelva con frecuencia. Salpimiente al gusto. Transfiera al refractario. Reserve.

2 Derrita el resto de la mantequilla en una cacerola pequeña, agregue batiendo la harina y cocine más o menos 2 minutos revolviendo continuamente. Retire del fuego, agregue batiendo el caldo seguido por el vino y la crema. Regrese al fuego, suba al hervor y hierva a fuego suave hasta que la salsa quede espesa y uniforme. Salpimiente al gusto.

3 Vierta 125 ml/4 fl oz de la salsa de crema en un recipiente. Agregue el pollo, el jamón y el tomillo. Salpimiente al gusto. Rellene con la mezcla los canelones y acomódelos en dos filas sobre la cama de espinaca.

4 Agregue la mitad del gruyere a la salsa y caliente revolviendo hasta que se derrita. Vierta al refractario y cubra con el resto de los 2 quesos. Hornee 35 minutos o hasta que esté dorado y burbujeante. Decore con el tallo de albahaca y sirva de inmediato.

Consejo Sabroso

Esta deliciosa salsa requiere acompañarse con una ensalada. Mezcle 1 cucharadita de mostaza de Dijon con 2 cucharaditas de jugo de limón y una pizca de azúcar. Salpimiente al gusto. Cuando esté bien mezclado, agregue batiendo 3–4 cucharadas de aceite de oliva de buena calidad y 175 g/6 oz de hojas mixtas de ensalada y revuelva para bañar bien.

INGREDIENTES
Rinde 6 porciones

50 g/2 oz de mantequilla
2 dientes de ajo pelados y machacados finamente
225g/8 oz de champiñones rebanados finamente
2 cucharadas de albahaca fresca picada
450 g/1 lb de espinaca fresca, sancochada
sal y pimienta negra recién picada
2 cucharadas de harina
300 ml/½ pt de caldo de pollo
150 ml/¼ pt de vino blanco seco
150 ml/¼ pt de crema doble
350 g/12 oz de pollo despellejado, deshuesado, cocido y picado
175 g/6 oz de jamón de Parma picado finamente
½ cucharadita de tomillo seco
225 g/8 oz de canelones precocidos
175 g/6 oz de queso gruyere rallado
40 g/1½ oz de queso parmesano rallado
tallo de albahaca, para decorar

Lasaña de Pato con Porcini y Albahaca

1 10 minutos antes de cocinar, precaliente el horno a 180°C/350°F. Ponga el pato, las verduras, el ajo, la pimienta, el laurel y el tomillo en una cacerola grande llena de agua fría. Suba al hervor, retire la grasa de la superficie y hierva a fuego suave 1 hora. Transfiera el pato a un recipiente y enfríe ligeramente.

2 Cuando pueda manejar la carne con las manos, retire la carne del hueso y córtela en cubos. Regrese los huesos y restos al caldo y siga con fuego suave otra hora. Cuele el caldo sobre un recipiente grande y deje enfriar. Retire y deseche la grasa de la superficie.

3 Coloque los hongos en una coladera y enjuague con agua fría. Deje en reposo 1 minuto para secarlos y acomódelos sobre una tabla para picar. Pique finamente. Coloque en un recipiente pequeño, agregue el jerez y deje reposar 1 hora o hasta que los hongos absorban todo el licor.

4 Caliente 25 g/1 oz de mantequilla en una sartén. Desmenuce y agregue las hojas de albahaca a la mantequilla caliente. Revuelva hasta que se acitronen. Agregue los hongos con el licor. Mezcle bien y reserve.

5 Enaceite una charola para hornear profunda de 30.5 x 23 cm/12 x 9 in y vierta un poco del caldo en su base. Cubra con 6–8 hojas de lasaña ligeramente sobre-puestas. Continúe haciendo camas con un poco del caldo, carne de pato, la mezcla de hongos y el parmesano. Agregue un poco de mantequilla en cada segunda cama.

6 Cubra con papel de aluminio y hornee 40–45 minutos o hasta que quede bien guisado. Deje en reposo 10 minutos antes de servir. Decore con el perejil y sirva con la ensalada.

INGREDIENTES
Rinde 6 porciones

1.4–1.8 kg/3–4 lb de pato cortado en cuartos

1 cebolla sin pelar, en cuartos

2 zanahorias peladas y cortadas en piezas

1 tallo de apio desbastado y cortado en piezas

1 puerro desbastado y cortado en piezas

2 dientes de ajo sin pelar y machacados

1 cucharada de granos de pimienta negra

2 hojas de laurel

6–8 tallos de tomillo

50 g/2 oz de hongos porcini

125 ml/4 oz de jerez seco

75 g/3 oz de mantequilla en cubos

1 manojo de hojas de albahaca sin tallos

24 hojas de lasaña precocida

75 g/3 oz de queso parmesano rallado

tallo de perejil, para decorar

ensalada mixta, para servir

Tetrazzini de Pavo

1 Precaliente el horno a 180°C/ 350° F. Enaceite ligeramente un refractario grande. Suba al hervor una olla con agua ligeramente salada. Agregue los tagliatelle y cocine 7–9 minutos o hasta que queden "al dente". Escurra bien y reserve.

2 En una cacerola pesada, caliente la mantequilla y agregue el tocino. Fría 2–3 minutos o hasta que queden dorados y crujientes. Agregue la cebolla y los hongos y cocine 3–4 minutos o hasta que estén tiernos.

3 Agregue batiendo la harina y cocine 2 minutos. Retire del fuego y agregue lentamente y revolviendo el caldo. Regrese al fuego y cocine, batiendo, hasta que se forme una salsa espesa y uniforme. Agregue la pasta y vierta la crema y el jerez. Agregue el pavo

y el perejil. Sazone al gusto con la nuez moscada, sal y pimienta. Voltee bien para mezclar.

4 Vierta la mezcla en el refractario preparado, distribuyendo uniformemente. Espolvoree con el parmesano y hornee 30-35 minutos o hasta que quede crujiente, dorado y burbujeante. Decore con perejil picado y parmesano. Sirva directo del refractario.

Consejo Sabroso

Esta es una gran manera de usar las sobras de Navidad. Vale la pena tener carne extra en el congelador. Use las sobras congeladas antes de 30 días.

INGREDIENTES
Rinde 4 porciones

275 g/10 oz de tagliatelle blancos y verdes
50 g/2 oz de mantequilla
4 rebanadas de tocino americano en cubos
1 cebolla pelada y picada finamente
175 g/6 oz de hongos rebanados finamente
40 g/1 ½ oz de harina
450 ml/¾ pt de caldo de pollo
150 ml/¼ pt de crema doble
2 cucharadas de jerez
450 g/1 lb de carne de pavo cocida, cortada tamaño bocadillo
1 cucharada de perejil recién picado
nuez moscada recién rallada
sal y pimienta negra recién molida
25 g/1 oz de queso parmesano

PARA DECORAR:
perejil recién picado
queso parmesano rallado

Pollo Poché con Salsa Verde y Hierbas

1 Coloque las pechugas y el caldo en una sartén grande y suba al hervor. Reduzca el calor y hierva a fuego suave 10–15 minutos o hasta que quede cocido. Deje enfriar en el caldo.

2 Para preparar la salsa verde, encienda el motor de la licuadora, vierta el ajo y pique finamente. Agregue la menta y el perejil y presione el botón de pulso 2–3 veces. Agregue las alcaparras, el pepinillo, las anchoas y la arúgula (si los usa) y pulse 2–3 veces hasta que la salsa tenga una textura uniforme.

3 Con la máquina en marcha, vierta el jugo de limón o el vinagre. Agregue el aceite en un chorro lento y uniforme hasta que la salsa quede suave. Salpimiente al gusto, transfiera a un platón de servir grande y reserve.

4 Corte las pechugas en rebanadas gruesas y acomode, en forma de abanico, sobre platos de servir. Ponga una cucharada de salsa verde sobre cada pieza, decore con tallos de menta y sirva de inmediato con las verduras.

Consejo del Chef

La salsa verde se puede preparar un día antes, conservándola en un contenedor perfectamente bien tapado. Antes de servir, deje que suba a temperatura ambiente y agite bien.

INGREDIENTES
Rinde 6 porciones

6 pechugas deshuesadas de
 175 g/6 oz c/u
600 ml/1 pt de caldo de pollo,
 preferiblemente hecho en casa

PARA LA SALSA VERDE:
2 dientes de ajo pelados y picados
4 cucharadas de perejil fresco
 recién picado
3 cucharadas de menta recién picada
2 cucharaditas de alcaparras
2 cucharadas de pepinillos encurtidos
 (opcional)
2–3 filetes de anchoa en aceite de
 oliva escurridos y picados finamente
 (opcional)
1 manojo de arúgula picada (opcional)
2 cucharadas de jugo de limón o
 vinagre de vino tinto
125 ml/4 fl oz de aceite de oliva
 extra virgen
sal y pimienta negra recién molida
tallos de menta, para decorar
verduras recién cocidas, para servir

Paquetes de Pollo con Pasta y Calabacitas

1 15 minutos antes de cocinar, precaliente el horno a 200°C/400°F. Unte ligeramente la mitad del aceite sobre cuatro hojas de papel encerado. Suba al hervor agua ligeramente salada en una cacerola y cocine la pasta 10 minutos o hasta que esté "al dente". Escurra y reserve.

2 Caliente el resto del aceite en una sartén y fría la cebolla 2–3 minutos. Agregue el ajo y fría otro minuto. Agregue las calabacitas y cocine 1 minuto. Retire del fuego, salpimiente y agregue la mitad del orégano.

3 Coloque la pasta en cantidades iguales sobre las 4 hojas de papel. Agregue una cantidad similar

de la mezcla de verduras y distribuya la cuarta parte de los tomates encima.

4 Haga cortes de 1 cm/½ in de profundidad en las pechugas. Acomode la carne sobre la pasta y salpique con el resto del orégano y el vino. Doble el papel por arriba y por los lados para crear una envoltura sellada.

5 Hornee 30–35 minutos o hasta que esté cocinado y sirva de inmediato.

INGREDIENTES
Rinde 4 porciones

2 cucharadas de aceite de oliva

125 g/4 oz de pasta farfalle

1 cebolla pelada y rebanada finamente

1 diente de ajo pelado y rebanado finamente

2 calabacitas medianas, desbastadas y rebanadas finamente

sal y pimienta negra recién molida

2 cucharadas de orégano recién picado

4 tomates bola, sin semillas y picado grueso

4 pechugas de 175 g/6 oz c/u, sin piel y deshuesadas

150 ml/¼ pt de vino blanco italiano

Consejo del Chef

Esta es una buena receta para agasajar visitas. Se preparan los paquetes con anterioridad y se hornean cuando se necesiten. Para una presentación más espectacular, sirva con el papel.

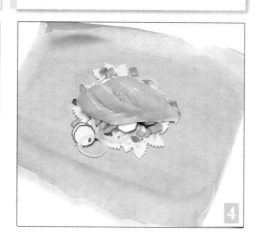

Pollo Bajo Ladrillo

1 Enjuague y seque bien el pollo, por dentro y fuera. Con unas tijeras, corte por ambos lados de la espina dorsal y deséchela o úsela para el caldo. Acomode el pollo con la piel para arriba en una superficie de trabajo y presione con la palma de la mano para romper el esternón y aplanar el ave.

2 Acomode el pollo con la pechuga hacia arriba y, con un cuchillo, corte la piel entre el pecho y el muslo por ambos lados. Doble las piernas y pliéguelas dentro de los cortes. Empuje las alas hacia abajo para que el pollo quede lo más plano posible.

3 En una sartén pesada, caliente el aceite muy bien, pero no hasta el punto de humo. Coloque el pollo en la sartén, con la piel para abajo. Acomode una tapa o plato directamente sobre el pollo. Coloque un ladrillo (por eso el nombre) o

algo que pese 2 kg/5 lb, sobre la tapa. Cocine 12–15 minutos, o hasta que esté dorado.

4 Retire los pesos, protegiéndose del calor. Voltee el pollo cuidadosamente con unas pinzas. Salpimiente al gusto y agregue la tapa y el peso. Cocine 12–15 minutos más, hasta que el pollo quede tierno y sus jugos salgan libremente al picar el muslo con un tenedor.

5 Pase el pollo a un platón para servir y cubra ligeramente con papel de aluminio para mantener el calor. Deje reposar 10 minutos antes de trinchar. Decore con tallos de albahaca y sirva con la ensalada.

INGREDIENTES
Rinde 4–6 porciones

1.8 kg/4 lb de pollo de corral alimentado con maíz
50 ml/2 oz de aceite de oliva
sal de mar y pimienta negra recién molida

PARA DECORAR:
tallos de albahaca fresca
cebollín
hojas amargas de ensalada, para servir

Consejo Sabroso

En un recipiente grande, mezcle 1 cucharadita de mostaza de grano entero con 1 diente de ajo machacado, 2 cucharaditas de vinagre balsámico, sal y pimienta. Cuando quede bien combinado, mezcle con 3–4 cucharadas de aceite de oliva de buena calidad. Agregue y revuelva con una mezcla de hojas amargas, (por ejemplo, con cualquier miembro de la familia de las achicorias). Sirva con el pollo.

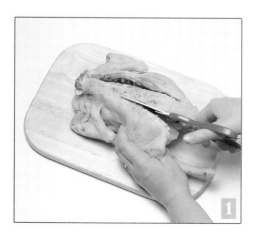
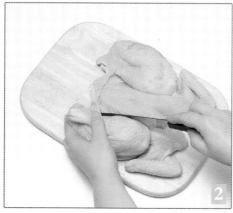

Pollo con Espárragos y Tagliatelle

1 Con el pelador de verduras, pele superficialmente los tallos de los espárragos y cocine en agua ligeramente salada 2–3 minutos o hasta que apenas queden tiernos. Escurra y páselos por agua fría. Corte en piezas de 4 cm/1 ½ in y reserve.

2 Derrita la mantequilla en una sartén grande. Agregue las cebollitas y el pollo y fría 4 minutos. Agregue el vermouth y reduzca hasta evaporarlo. Vierta la crema y la mitad del cebollín. Cocine a fuego suave 5–7 minutos, hasta que la salsa esté espesa y ligeramente reducida, y el pollo esté tierno.

3 En una cacerola grande, suba al hervor agua ligeramente salada. Cocine los tagliatelle 4–5 minutos o hasta que estén "al dente". Escurra y agregue inmediatamente a la salsa de pollo.

4 Con pinzas para spaghetti o tenedores de cocina, revuelva suavemente la salsa con la pasta hasta combinar bien. Agregue el resto del cebollín y el parmesano y mezcle suavemente. Decore con cebollín picado y sirva de inmediato con más parmesano, si lo desea.

INGREDIENTES
Rinde 4 porciones

275 g/10 oz de espárragos frescos

50 g/2 oz de mantequilla

4 cebollitas cambray desbastadas y picadas grueso

350 g/12 oz de pechuga de pollo, sin piel y deshuesada, en rebanadas delgadas

2 cucharadas de vermouth

300 ml/½ pt de crema doble

2 cucharadas de cebollín recién picado

400 g/14 oz de tagliatelle fresco

50 g/2 oz de queso parmesano o pecorino rallado

cebollín picado, para decorar

queso parmesano extra (opcional), para servir

Consejo Sabroso

La pasta recién hecha se cocina en 30–60 segundos. Está lista cuando sube a la superficie. La pasta fresca comprada tarda 2–3 minutos. La pasta seca tarda más (4–10 minutos), dependiendo de la variedad. Verifique las instrucciones en el paquete.

Faisán Marinado con Polenta a la Parrilla

1 Precaliente la parrilla justo antes de cocinar. Mezcle 2 cucharadas de aceite de oliva con el romero picado o la salvia, la canela y la ralladura de naranja. Salpimiente al gusto.

2 Coloque las pechugas en un recipiente grande poco profundo, vierta el aceite y marine hasta que las necesite, volteando ocasionalmente.

3 Suba al hervor el agua con 1 cucharadita de sal en una cacerola pesada. Agregue batiendo lentamente la polenta en un chorro delgado y uniforme. Reduzca el fuego y hierva a fuego suave 5–10 minutos, revolviendo continuamente, hasta que quede muy espesa.

4 Agregue moviendo la mantequilla y el queso a la polenta. Agregue el perejil y un poco de pimienta negra.

5 Distribuya la polenta en una cama uniforme de 2 cm/¾ in de grueso en un refractario de teflón ligeramente enaceitado. Deje enfriar y refrigere 1 hora o hasta que quede bien frío.

6 Pase la polenta a una superficie de trabajo. Corte en cuadros de 10 cm/4 in. Barnice con aceite y acomode sobre una charola para asar. Ase 2–3 minutos de cada lado o hasta que queden crujientes y dorados. Corte cada cuadro en triángulos y manténgalos calientes.

7 Acomode las pechugas en el asador precalentado y ase durantepor 5 minutos o hasta que queden crujientes y tomen color. Voltee una vez. Sirva inmediatamente con la polenta y la ensalada.

INGREDIENTES
Rinde 4 porciones

3 cucharadas de aceite de oliva extra virgen

1 cucharada de hojas de romero o de salvia recién picadas

½ cucharadita de canela molida

la cáscara de 1 naranja rallada

sal y pimienta negra recién molida

8 pechugas de faisán u otra ave de caza

600 ml/1 pt de agua

125 g/4 oz de harina preparada para polenta al instante

2 cucharadas de mantequilla en cubos

40 g/1½ oz de queso parmesano rallado

1–2 cucharadas de perejil recién picado

hojas de ensalada mixtas, para servir

Consejo Sabroso

Caliente una sartén aparrillada y coloque las pechugas de ave de caza con la piel para abajo. Ase 2–3 minutos. Voltee las pechugas y ase 2 minutos más para término medio o 3–4 minutos más, si las prefiere bien cocidas.

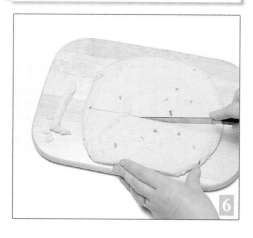

Ensalada de Pollo y Pasta

1 Suba al hervor una cacerola con agua ligeramente salada. Agregue la pasta y cocine 10 minutos o hasta que esté "al dente".

2 Escurra la pasta y enjuáguela con agua fría. Escurra nuevamente. Coloque en un platón de servir y mezcle con el aceite.

3 Agregue a la pasta el pollo, los pimientos, los tomates secos, las alcaparras, las aceitunas, las cebollas y el mozzarella. Revuelva suavemente hasta combinar bien. Salpimiente al gusto.

4 Para hacer el aderezo, junte el vinagre, la mostaza y el azúcar en un recipiente y revuelva hasta que quede bien combinado y el azúcar se disuelva. Agregue un poco de pimienta. Vierta gradualmente el aceite en un chorro lento y uniforme, batiendo hasta que se forme una vinagreta espesa.

5 Vierta la mayonesa en un recipiente y poco a poco agregue revolviendo el aderezo hasta que quede uniforme. Vierta sobre la mezcla de pasta y revuelva suavemente para mezclar bien los ingredientes. Pásela a un platón de servir grande y sirva a temperatura ambiente.

Consejo Sabroso

Con un procesador de alimentos o licuadora, mezcle 1 yema de huevo, 1 cucharadita de mostaza Dijon, el jugo de ½ limón, sal y pimienta, hasta que brote espuma. Agregue 225 ml/8 fl oz de aceite de oliva ligero en un chorro uniforme y lento hasta que la mayonesa quede espesa y el aceite se termine. Salpimiente. Use para aderezar la ensalada. Guarde el resto en el refrigerador para otros usos.

INGREDIENTES
Rinde 6 porciones

450 g/1 lb de pasta corta

2–3 cucharadas de aceite de oliva extra virgen

300 g/11 oz de pollo cocinado frío y cortado en pedazos tamaño bocadillo (preferiblemente asado)

1 pimiento rojo, desvenado y cortado en cubos

1 pimiento amarillo, desvenado y cortado en cubos

4–5 tomates secados al sol, rebanados

2 cucharadas de alcaparras enjuagadas y escurridas

125 g/4 oz de aceitunas italianas sin hueso

4 cebollitas cambray picadas

225 g/8 oz de queso mozzarella en cubos, preferiblemente de búfalo

sal y pimienta negra recién molida

PARA EL ADEREZO:

50 ml/2 fl oz de vinagre de vino blanco

1 cucharada de mostaza ligera

1 cucharadita de azúcar

75–125 ml/3–4 fl oz aceite de oliva extra virgen

125 ml/4 fl oz de mayonesa

Risi e Bisi

1 Desvaine los chícharos si son frescos. Derrita la mantequilla y el aceite en una sartén pesada. Agregue la pancetta o el tocino, la cebolla y el ajo, y fría a fuego suave 10 minutos o hasta que la cebolla quede acitronada.

2 Vierta el caldo y agregue el azúcar, el jugo de limón y la hoja de laurel. Si usa los chícharos frescos, agréguelos ahora. Suba el fuego a hervor rápido.

3 Agregue el arroz, revuelva y hierva a fuego suave sin tapar, durante unos 20 minutos o hasta que el arroz quede tierno. Ocasionalmente revuelva con suavidad. Si usa chícharos congelados, agréguelos revolviendo unos 2 minutos antes de terminar.

4 Cuando esté listo el arroz, retire la hoja de laurel y deseche. Agregue revolviendo 2½ cucharadas de perejil y el parmesano. Salpimente al gusto.

5 Acomode el arroz en un platón grande de servir. Decore con el resto del perejil, un tallo de perejil y las julianas de cáscara de naranja. Sirva bien caliente inmediatamente.

Hecho Culinario

Este platillo de arroz con chícharos se originó en Venecia. Es mucho más húmedo que el risotto y se parece a una sopa espesa.

INGREDIENTES
Rinde 4 porciones

700 g/1½ lb de chícharos tiernos en vaina o 175 g/6 oz de chícharos congelados, descongelados
25 g/1 oz de mantequilla sin sal
1 cucharada de aceite de oliva
3 tiras de pancetta o tocino americano, picado
1 cebolla pequeña, pelada y picada finamente
1 diente de ajo pelado y picado finamente
1.3 l/2¼ pt de caldo de verduras
1 pizca de azúcar refinada
1 cucharadita de jugo de limón
1 hoja de laurel
200 g/7 oz de arroz arborio
3 cucharadas perejil recién picado
50 g/2 oz de queso parmesano, rallado finamente
sal y pimienta negra recién molida

PARA DECORAR:
tallo de perejil fresco
tiras de cáscara de naranja en juliana

Timbal de Arroz y Verduras

1 10 minutos antes de cocinar, precaliente el horno a 190°C/ 375°F. Con las migas de pan, empanice la base y las paredes de un molde con fondo desmontable de 20.5 cm/8 in, bien untado con mantequilla.

2 Caliente el aceite en una sartén grande y fría suavemente las calabacitas, la berenjena, los hongos y el ajo durante 5 minutos o hasta que queden tiernos. Agregue removiendo el vinagre. Cuele con una coladora grande encima de un recipiente, para recolectar los jugos.

3 Fría la cebolla suavemente en la mantequilla durante 10 minutos, hasta que quede suave. Agregue el arroz y revuelva 1 minuto para combinar bien. Agregue un cucharón de caldo y los jugos de las verduras. Hierva a fuego suave hasta que el arroz absorba todo el líquido.

4 Agregue más caldo de esta manera hasta que el arroz quede tierno. Esto puede tardar más o menos 20 minutos. Retire del fuego y enfríe 5 minutos. Agregue batiendo los huevos, el queso y la albahaca. Salpimiente al gusto.

5 Con una cuchara, coloque en el molde una cama con una cuarta parte del arroz. Cubra con un tercio de las verduras. Acomode capas de esta forma hasta terminar con la de arroz.

6 Nivele la última capa aplicando presión a la mezcla. Cubra con papel de aluminio. Acomode sobre una charola para hornear y hornee 50 minutos hasta que esté firme.

7 Deje en reposo el timbal 10 minutos sin quitar el papel. Después, desmolde y coloque en un platón de servir caliente. Decore con el tallo de albahaca y el rábano. Sirva de inmediato.

INGREDIENTES
Rinde 6 porciones

25 g/1 oz de migas de pan blanco seco
3 cucharadas de aceite de oliva
2 calabacitas rebanadas
1 berenjena chica, cortada en cubos de 1 cm/½ in
175 g/6 oz de hongos rebanados
1 diente de ajo pelado y machacado
1 cucharadita de vinagre balsámico
1 cebolla pelada y picada finamente
25 g/1 oz de mantequilla sin sal
400 g/14 oz de arroz arborio
aproximadamente 1.3 litros/2 ¼ pt de caldo de verduras hirviendo
2 huevos ligeramente batidos
25 g/1 oz de queso parmesano, rallado finamente
2 cucharadas de albahaca recién picada
sal y pimienta negra recién molida

PARA DECORAR:
tallo de albahaca fresca
1 rábano, rebanado finamente

Verduras Doradas en Aceite de Oliva y Limón

1 Coloque la cáscara y el jugo de limón en una cacerola grande. Agregue el aceite de oliva, la hoja de laurel, el tomillo y el agua. Suba al hervor. Agregue las cebollitas y champiñones. Agregue el brócoli y la coliflor de tal forma que los tallos queden en el agua pero no las cabezas. Cubra y hierva a fuego suave 3 minutos.

2 Incorpore suavemente las calabacitas de tal manera que queden encima y no dentro del agua, para cocinarlas al vapor. Cocine con tapa otros 3–4 minutos hasta que todas las verduras queden tiernas. Con una cuchara ranurada transfiera las verduras a un platón de servir caliente. Suba el fuego y hierva a fuego alto 3–4 minutos

o hasta que el líquido quede reducido a 8 cucharadas. Deseche la cáscara de limón, el laurel y el tallo de tomillo.

3 Agregue removiendo el cebollín al líquido, salpimiente al gusto y vierta sobre las verduras. Salpique con cascaritas de limón y sirva de inmediato.

INGREDIENTES
Rinde 4 porciones

1 tira pequeña de la cáscara y el jugo de ½ limón
4 cucharadas de aceite de oliva
1 hoja de laurel
tallo grande de tomillo
150 ml/¼ pt de agua
4 cebollitas cambray, desbastadas y picadas finamente
175 g/6 oz de champiñones baby
175 g/6 oz de brócoli cortado en pequeños floretes
175 g/6 oz de coliflor, cortada en pequeños floretes
1 calabacita rebanada a lo largo
2 cucharadas de cebollín recién picado
sal y pimienta negra recién molida
cascarita de limón, para decorar

Consejo Sabroso

Sirva estas verduras para acompañar pollo, pescado o pavo a la parrilla u horneado. Como alternativa, puede tostar pan crujiente, untarlo con ajo, rociarlo con aceite de oliva y cubrirlo con una cucharada de verduras.

Berenjenas a la Parmesana

1 15 minutos antes de cocinar, precaliente el horno a 200°C/400° F. Corte las berenjenas en tiras delgadas a lo largo. Espolvoree con sal y deje escurrir en un colador sobre un recipiente 30 minutos.

2 Mientras tanto, caliente una cucharada de aceite en una sartén y fría la cebolla 10 minutos hasta que quede tierna. Agregue el pimentón dulce y cocine 1 minuto. Agregue removiendo el vino, el caldo, los tomates y el puré. Hierva a fuego suave sin tapar, durante 25 minutos o hasta que esté bastante espeso. Agregue removiendo el orégano y salpimiente al gusto. Retire del fuego.

3 Enjuague la berenjena muy bien con agua fría. Seque con papel absorbente. Caliente 2 cucharadas del aceite en una sartén aparrillada y fría las berenjenas en grupos unos 3 minutos de cada lado o hasta que estén doradas. Escurra bien sobre papel absorbente.

4 Vierta la mitad de la salsa de tomate en la base de un refractario grande. Cubra con la mitad de las tiras de berenjena y ponga encima el mozzarella. Cubra con el resto de la berenjena. Vierta el resto de la salsa de tomate. Espolvoree el parmesano rallado.

5 Hornee 30 minutos o hasta que las berenjenas queden tiernas y la salsa burbujee. Decore con el tallo de albahaca y enfríe un poco antes de servir.

INGREDIENTES
Rinde 4 porciones

900 g/2 lb de berenjenas
sal y pimienta negra recién molida
5 cucharadas de aceite de oliva
1 cebolla roja, pelada y picada
½ cucharadita de pimentón dulce suave
150 ml/¼ pt de vino tinto seco
150 ml/¼ pt de caldo de verduras
1 lata de 400 g de tomates picados
1 cucharadita de puré de tomate
1 cucharada de orégano recién picado
175 g/6 oz de queso mozzarella, en rebanadas delgadas
40 g/1½ oz de queso parmesano rallado grueso
tallo de albahaca fresca para decorar

Consejo Sabroso

La sal extrae agua de las berenjenas. Por eso, se necesita menos aceite para freírlas.

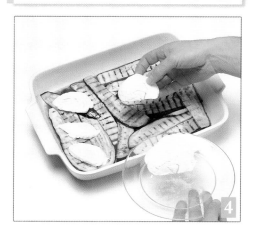

Tomates Rellenos con Polenta a la Parrilla

1 Precaliente la parrilla justo antes de cocinar. Para preparar la polenta, vierta el caldo en una cacerola, agregue una pizca de sal y suba al hervor. Vierta la polenta en un chorro fino, revolviendo continuamente. Hierva a fuego suave 15 minutos o hasta que quede muy espesa. Incorpore batiendo la mantequilla y un poco de pimienta. Pase la polenta a una tabla para picar y forme un pastel de 1 cm/½ in de grueso. Enfríe, cubra con papel autoadherible y refrigere 30 minutos.

2 Para preparar los tomates, córtelos a la mitad, retire las semillas y páselas por una coladera fina para atrapar el jugo. Salpimiente el interior de los tomates y reserve.

3 Caliente el aceite en una cacerola y fría a fuego suave el ajo y las cebollas durante 3 minutos. Agregue el jugo de los tomates y deje burbujear 3–4 minutos hasta que la mayor parte del líquido se evapore. Agregue revolviendo las hierbas, el jamón, un poco de pimienta negra y la mitad de las migas. Rellene los tomates con esta mezcla y reserve.

4 Forme cuadros de polenta de 5 cm/2 in y córtelos diagonalmente para formar triángulos. Acomode los triángulos sobre papel de aluminio en la parrilla y ase 4–5 minutos de cada lado o hasta dorarlos. Cubra y mantenga caliente.

5 Ase los tomates bajo la parrilla 4 minutos a fuego medio –las piezas de jamón expuestas se tostarán–. Esparza emcima el resto de las migas y ase 1–2 minutos o hasta dorarlas. Decore con cebollín y sirva de inmediato con la polenta.

INGREDIENTES
Rinde 4 porciones

PARA LA POLENTA:
300 ml/½ pt de caldo de pollo
sal y pimienta negra recién molida
50 g/2 oz de polenta instantánea
15 g/½ oz de mantequilla

PARA LOS TOMATES RELLENOS:
4 tomates grandes
1 cucharada de aceite de oliva
1 diente de ajo pelado y machacado
1 manojo de cebollitas cambray, desbastadas y picadas finamente
2 cucharadas de perejil recién picado
2 cucharadas de albahaca recién picada
2 rebanadas de jamón de Parma partido en rajas
50 g/2 oz de migas de pan blanco fresco
cebollín picado, para decorar

Rigatoni con Betabel Asado y Arúgula

1 10 minutos antes de cocinar, precaliente el horno a 150°C/300°F. Envuelva cada betabel en papel de aluminio y hornee 1–1½ horas o hasta que queden tiernos. (Verifique abriendo un betabel, raspe la piel con un tenedor: deberá desprenderse fácilmente.)

2 Enfríe los betabeles hasta poder tocarlos. Retire la piel y córtelos en 6–8 gajos, según el tamaño. Mezcle el ajo, la ralladura de naranja, los jugos, el aceite, la sal y la pimienta. Rocíe sobre el betabel y revuelva para mezclar todo bien.

3 Mientras tanto, suba al hervor una cacerola con agua ligeramente salada. Cocine la pasta 10 minutos o hasta que esté "al dente".

4 Escurra bien la pasta y agregue la mezcla tibia de betabel. Agregue la arúgula y el queso. Revuelva suave y rápidamente. Reparta en cuatro platos de servir y presente de inmediato, antes de que se marchite la arúgula.

INGREDIENTES
Rinde 4 porciones

350 g/12 oz de betabeles baby, crudos y sin pelar

1 diente de ajo pelado y machacado

½ cucharadita de cáscara rallada de naranja

1 cucharada de jugo de naranja

1 cucharadita de jugo de limón

2 cucharadas de aceite de nuez

sal y pimienta negra recién molida

350 g/12 oz de fettucini seco

75 g/3 oz de arúgula

125 g/4 oz de queso dolcelatte, cortado en cubos pequeños

Consejo del Chef

Posiblemente tenga que buscar betabel baby en tiendas especializadas. Compre betabel que tenga hojas firmes y no marchitas. Los bulbos deben ser firmes sin partes blandas.

Ensalada Mixta con Aderezo de Anchoas y Crutones de Ciabatta

1 Desprenda las hojas de la achicoria y la endibia y reserve las más grandes. Acomode las hojas más pequeñas en un platón de ensalada ancho.

2 Corte el hinojo a la mitad, desde el tallo hasta la raíz y después corte en rebanadas finas. Parta en 4 las alcachofas y el pepino. Rebane el pepino partido. Parta los tomates a la mitad. Agregue al platón con las aceitunas.

3 Para preparar el aderezo, escurra las anchoas y vierta a la licuadora con la mostaza, el ajo, el aceite, el jugo de limón, 2 cucharadas de agua caliente y la pimienta. Licúe hasta que esté suave y espeso.

4 Para preparar los crutones, corte el pan en cubos de 1 cm/½ in. Caliente el aceite en una sartén, agregue los cubos y fría 3 minutos o hasta dorarlos, volteando con frecuencia. Retire del fuego y seque con papel absorbente de cocina.

5 Rocíe la mitad del aderezo de anchoas sobre la ensalada y revuelva para mezclar bien todo. Acomode las hojas grandes de achicoria y endibia alrededor del borde y vierta el resto del aderezo. Salpique los crutones y sirva de inmediato.

INGREDIENTES
Rinde 4 porciones

1 endibia pequeña
1 achicoria pequeña
1 bulbo de hinojo
1 lata de 400 g de alcachofas, escurridas y enjuagadas
½ pepino
125 g/4 oz de tomates cereza
75 g/3 oz de aceitunas negras

PARA EL ADEREZO DE ANCHOAS:

1 lata de 50 g de filetes de anchoa
1 cucharadita de mostaza Dijon
1 diente de ajo pequeño, pelado y machacado
4 cucharadas de aceite de oliva
1 cucharada de jugo de limón
pimienta negra recién molida

PARA LOS CRUTONES DE CIABATTA:

2 rebanadas de pan ciabatta
2 cucharadas de aceite de oliva

Consejo del Chef

Para reducir la grasa en el pan, hornee los crutones en el horno pre-calentado a 180°C/350°F con 2–3 cucharaditas de aceite de oliva durante 15–20 minutos o hasta que estén crujientes y dorados.

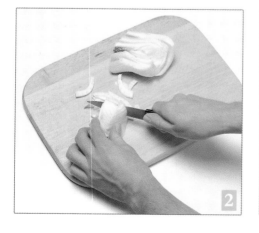

Pimientos Rellenos de Arroz

1 Precaliente el horno a 200°C/ 400°F. Coloque los tomates en un recipiente. Vierta agua hirviendo hasta cubrirlos. Deje reposar 1 minuto. Escurra. Sumérjalos en agua fría para enfriarlos y quite la piel. Parta en cuatro, retire las semillas y pique.

2 Caliente el aceite en una sartén. Fría la cebolla a fuego suave 10 minutos o hasta que esté blanda. Agregue el ajo, los tomates y el azúcar.

3 Cocine la mezcla a fuego suave 10 minutos o hasta que espese. Retire del fuego y agregue revolviendo el arroz, los piñones y el orégano. Salpimiente.

4 Corte los pimientos a lo largo sin quitarles el tallo y desvene. Acomódelos con el lado cortado hacia abajo, en una charola para hornear ligeramente enaceitada. Hornee por unos 10 minutos.

5 Voltee los pimientos para que el lado cortado quede arriba. Agregue el relleno y cubra con papel de aluminio. Regrese al horno 15 minutos o hasta que los pimientos queden muy tiernos. Retire el aluminio los últimos 5 minutos para dorar la superficie un poco.

6 Sirva una mitad de pimiento rojo y una de amarillo por persona con la ensalada y bastante pan crujiente caliente.

INGREDIENTES
Rinde 4 porciones

8 tomates maduros
2 cucharadas de aceite de oliva
1 cebolla pelada y picada
1 diente de ajo pelado y machacado
½ cucharadita de azúcar mascabado
125 g/4 oz de arroz de grano largo, cocinado
50 g/2 oz de piñones tostados
1 cucharada de orégano recién picado
sal y pimienta negra recién molida
2 pimientos rojos grandes
2 pimientos amarillos grandes

PARA SERVIR:
ensalada mixta
pan crujiente

Consejo del Chef

Puede ser necesario cortar una rebanada delgada de la base de los pimientos para que queden bien asentados en la charola.

Pasta con Salsa Picante de Pimientos Rojos

1 Precaliente la parrilla. Acomode los pimientos enteros en la charola a 10 cm/4 in del fuego. Ase por 10 minutos, revolviendo con frecuencia, hasta que la piel quede ennegrecida y ampollada.

2 Coloque los pimientos en una bolsa de plástico y deje enfriar para poder tocarlos. Quite la piel, córtelos a la mitad y retire las semillas. Pique la pulpa en trozos grandes y acomódela en una licuadora.

3 Caliente el aceite en una sartén grande. Fría la cebolla a fuego suave 5 minutos. Agregue revolviendo el ajo, las anchoas y el chile y fría otros 5 minutos, revolviendo. Agregue a la licuadora y licúe hasta que quede uniforme.

4 Regrese la mezcla a la sartén. Agregue los tomates. Agregue batiendo la cáscara y el jugo de limón. Salpimiente al gusto. Agregue 2–3 cucharadas de caldo si la salsa está muy espesa. Suba al hervor y deje burbujear 1–2 minutos.

5 Mientras tanto suba al hervor una cacerola con agua ligeramente salada y cocine la pasta 10 minutos o hasta que quede "al dente". Escurra muy bien, agregue y bañe en la salsa.

6 Vierta en un platón de servir o en platos individuales. Esparza el parmesano y algunas hojas de albahaca antes de servir.

Consejo Sabroso

Si prefiere una salsa mas gruesa, pique los pimientos en lugar de licuarlos y siga con el paso 4.

INGREDIENTES
Rinde 4 porciones

2 pimientos rojos
2 cucharadas de aceite de oliva
1 cebolla pelada y picada
2 dientes de ajo pelados y
  machacados
4 filetes de anchoa
1 chile rojo, desvenado y picado
  finamente
1 lata de 200 g/7 oz de tomates
  picados
cáscara rallada finamente y jugo
  de ½ limón
sal y pimienta negra recién molida
2–3 cucharadas de caldo de
  verduras (opcional)
400 g/14 oz de pasta seca
  (tagliatelle, linguine, conchas, etc.)

PARA DECORAR:
queso parmesano en lajas
hojas de albahaca fresca

Rigatoni con Tomates Cereza Deshidratados al Horno y Queso Mascarpone

1 Precaliente el horno a 140°C/ 275°F. Corte los tomates a la mitad y acomódelos bien juntos con el lado cortado para arriba, espolvoree en una charola antiadherente con el azúcar y luego con sal y pimienta. Hornee 1¼ horas hasta que los tomates se sequen pero que no tomen color. Deje enfriar en la charola. Colóquelos en un recipiente, agregue el aceite y revuelva para mezclar.

2 Suba al hervor una cacerola con agua ligeramente salada y cocine la pasta 10 minutos o hasta que quede "al dente". Agregue los chícharos 2–3 minutos antes de terminar. Escurra muy bien y regrese la pasta y los chícharos a la cacerola.

3 Agregue el queso a la cacerola. Cuando se derrita, agregue los tomates, la menta, el perejil y un poco de pimienta. Mezcle suavemente y transfiera a un platón de servir caliente o a platos individuales. Decore con los tallos de menta. Sirva de inmediato.

INGREDIENTES
Rinde 4 porciones

350 g/12 oz de tomates cereza
1 cucharadita de azúcar refinada
sal y pimienta negra recién molida
2 cucharadas de aceite de oliva
400 g/14 oz de rigatoni seco
125 g/4 oz de chícharos
2 cucharadas queso de mascarpone
1 cucharada de menta
  recién picada
1 cucharada de perejil recién
  picado
tallos de menta frescos,
  para decorar

Consejo Sabroso

Duplique la cantidad de tomates. Al terminar de hornearlos, póngalos en un frasco esterilizado y agregue capas de hierbas frescas y ajo. Cubra con aceite de oliva y refrigere unos días. Úselos cómo en esta receta o cómo antipasto con pan, carnes frías y aceitunas. No los guarde más de 2 semanas.

Tarta de Pimiento Rojo y Albahaca

1 15 minutos antes de cocinar, precaliente el horno a 200°C/400°F. Cuele la harina y la sal sobre un recipiente. Haga un pozo al centro. Mezcle el huevo con el aceite y 1 cucharada de agua tibia. Vierta la mezcla y las aceitunas al pozo y mezcle para formar la masa. Amase unos segundos sobre una superficie ligeramente enharinada y envuelva con plástico autoadherible. Refrigere 30 minutos.

2 Extienda la masa con un rodillo y forre con ella una flanera con fondo desmontable de 23 cm/9 in. Con un tenedor, pique ligeramente la base. Cubra y refrigere 20 minutos.

3 Ase los pimientos debajo de la parrilla 10 minutos o hasta que la piel quede ennegrecida y ampollada. Colóquelos en una bolsa de plástico, deje enfriar 10 minutos, quite la piel y rebane.

4 Forre el pastel con papel de aluminio o papel para hornear y cubra con piedras para hornear. Hornee 10 minutos. Retire el papel y las piedras y hornee otros 5 minutos. Reduzca la temperatura del horno a 180°C/350°F.

5 Bata el queso hasta que quede suave. Gradualmente agregue la leche y los huevos. Agregue revolviendo los pimientos y la albahaca. Salpimiente al gusto. Agregue la mezcla a la flanera y hornee 25–30 minutos o hasta que cuaje. Decore con la albahaca y sirva de inmediato con la ensalada.

Consejo del Chef

Prehornear la costa de la tarta antes de llenarla es un paso importante para preparar cualquier tarta o quiche con relleno húmedo. Se asegura que la tarta no se humedezca y que se cocine completamente.

INGREDIENTES
Rinde 4–6 porciones

PARA LA MASA DE ACEITUNA:
225 g/8 oz de harina
pizca de sal
50 g/2 oz de aceitunas negras deshuesadas, picadas finamente
1 huevo, ligeramente batido y 1 yema
3 cucharadas de aceite de oliva

PARA EL RELLENO:
2 pimientos rojos grandes, sin semilla y cortados en cuartos
175 g/6 oz de queso mascarpone
4 cucharadas de leche
2 huevos
3 cucharadas de albahaca recién picada
sal y pimienta negra recién molida
tallos de albahaca fresca, para decorar
ensalada mixta, para servir

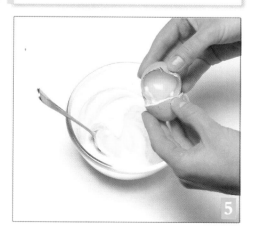

Bolas de Espinaca con Salsa de Tomate

1 Para hacer la salsa de tomate, caliente el aceite de oliva en una sartén grande y fría la cebolla a fuego suave 5 minutos. Agregue el ajo y el chile y cocine otros 5 minutos o hasta que queden suaves.

2 Agregue batiendo el vino, los tomates y la cáscara de limón. Cubra y hierva a fuego suave 20 minutos. Destape y hierva otros 15 minutos o hasta que la salsa quede espesa. Retire la cáscara y salpimente al gusto.

3 Para preparar las bolas de espinaca, lávela muy bien y retire los tallos muy duros. Cocínela en una cacerola grande tapada, a fuego suave sólo con las gotas de agua que quedan en la superficie de las hojas. Escurra y exprima el exceso de agua. Pique finamente y coloque en un recipiente grande.

4 Agregue el ricota, las migas, el parmesano y la yema. Sazone con nuez moscada, sal y pimienta. Mezcle y haga 20 bolas del tamaño de una nuez.

5 Ruede las bolas en la harina para cubrirlas por completo. Caliente el aceite en una sartén antiadherente grande y fría las bolas a fuego suave 5–6 minutos, volteándolas ocasionalmente, con cuidado. Decore con albahaca y sirva de inmediato con la salsa de tomate y los tagliatelle.

Consejo del Chef

Es muy importante quitarle toda el agua excesiva a la espinaca. De no hacerlo, las bolas se deshacen al freírlas.

INGREDIENTES
Rinde 4 porciones

PARA LA SALSA:
2 cucharadas de aceite de oliva
1 cebolla pelada y picada
1 diente de ajo pelado y machacado
1 chile rojo, desvenado y picado
150 ml/¼ pt de vino blanco seco
1 lata de 400 g de tomates picados
tira de cáscara de limón

PARA LAS BOLAS:
450 g/1 lb de espinaca fresca
50 g/2 oz de queso ricotta
25 g/1 oz de migas de pan blanco fresco
25 g/1 oz de queso parmesano rallado
1 yema de huevo
¼ de cucharadita de nuez moscada recién rallada
sal y pimienta negra recién molida
5 cucharadas harina
2 cucharadas aceite de oliva, para freír
hojas frescas de albahaca, para decorar
tagliatelle recién preparado, para servir

Verduras y Frijoles al Estilo de Venecia

1 Remoje los frijoles en un recipiente con bastante agua durante por 8 horas o toda la noche.

2 Escurra y enjuague los frijoles. Póngalos en una cacerola grande con 1.1 l/2 pt de agua fría. Envuelva el perejil y el romero en tela de muselina y agregue a la cacerola junto con el aceite. Hierva a fuego alto 10 minutos. Baje el fuego y hierva a fuego suave 20 minutos, tapando la mitad de la cacerola. Agregue los tomates y chalotes revolviendo y hierva otros 10–15 minutos o hasta que los frijoles estén listos.

3 Mientras tanto, corte las cebollas en anillos. Corte la zanahoria y el apio en cubos finos.

Caliente el aceite en una cacerola y fría las cebollas a fuego muy suave 10 minutos. Agregue la zanahoria, el apio y el laurel, y cocine otros 10 minutos, revolviendo con frecuencia hasta que las verduras estén tiernas. Espolvoree azúcar y cocine otro minuto.

4 Agregue batiendo el vinagre. Cocine 1 minuto y retire la cacerola del fuego. Escurra los frijoles con un colador muy fino y deseche las hierbas. Agregue los frijoles a la mezcla de cebolla y salpimente bien. Mezcle suavemente y luego vierta en un platón de servir. Deje enfriar y sirva a temperatura ambiente.

Consejo del Chef

Si tiene prisa, coloque los frijoles en una cacerola grande con agua fría. Suba al hervor y hierva a fuego alto 10 minutos. Retire del fuego y deje reposar 2 horas. Escurra bien y cubra con agua fresca. Siga con el paso 2.

INGREDIENTES
Rinde 4 porciones

250 g/9 oz de frijoles bayos
3 tallos de perejil fresco
1 tallo de romero fresco
2 cucharadas de aceite de oliva
1 lata de 200 g de tomates picados
2 chalotes pelados

PARA LA MEZCLA DE VERDURAS:

1 cebolla roja grande, pelada
1 cebolla blanca grande, pelada
1 zanahoria mediana, pelada
2 tallos de apio desbastados
3 cucharadas de aceite de oliva
3 hojas de laurel
1 cucharadita de azúcar refinada
3 cucharadas de vinagre de vino tinto
sal y pimienta negra recién molida

Calabaza Rostizada con Risotto

1 Precaliente el horno a 190°C/375°F. Corte la calabaza a la mitad, pele grueso, y con una cuchara retire y deseche las semillas. Corte la pulpa en cubos de 2 cm/¾ in.

2 Vierta el aceite en una charola de hornear grande y hornee 5 minutos. Agregue la calabaza y el ajo. Revuelva la calabaza para cubrirla de aceite. Hornee 25–30 minutos o hasta que quede dorada y muy tierna. Voltee los ingredientes a la mitad del proceso.

3 Derrita la mantequilla en una cacerola grande. Agregue el arroz y revuelva unos segundos a fuego alto. Agregue el azafrán y el vino. Deje que hierva a borbotones hasta casi reducirlo totalmente, revolviendo con frecuencia. Al mismo tiempo, en otra cacerola hierva continuamente a fuego suave el caldo.

4 Baje el arroz a fuego suave. Agregue un cucharón de caldo y hierva, revolviendo, hasta que se absorba. Siga agregando caldo de esta forma hasta que el arroz quede tierno. Esto tarda más o menos 20 minutos y puede no ser necesario usar todo el caldo.

5 Apague el fuego. Agregue revolviendo las hierbas y el queso y salpimente. Cubra y deje en reposo 2–3 minutos. Pele rápidamente los ajos tostados y agregue al risotto junto con la calabaza. Mezcle suavemente. Decore con el orégano y sirva de inmediato con el parmesano extra.

INGREDIENTES
Rinde 4 porciones

1 calabaza de Castilla mediana
2 cucharadas de aceite de oliva
1 bulbo de ajo, los dientes
*   separados pero no pelados*
15 g/½ oz de mantequilla
*   sin sal*
275 g/10 oz de arroz arborio
pizca grande de estigmas
*   de azafrán*
150 ml/¼ pt vino blanco seco
1 l/1¼ pt de caldo
*   de verduras*
1 cucharada de perejil recién
*   picado*
1 cucharada orégano recién picado
50 g/2 oz de queso parmesano
*   rallado finamente*
sal y pimienta negra recién molida
tallos de orégano fresco,
*   para decorar*
queso parmesano extra, para servir

Consejo del Chef

Es importante tener el caldo hirviendo a fuego suave para que al juntarlo con el arroz no se interrumpa el proceso de cocción.

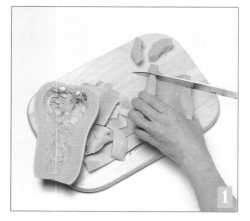

Achicoria Asada Caliente con Peras

1 Precaliente la parrilla. Acomode las almendras en una sola cama en la charola de la parrilla. Cocine debajo de la parrilla 3 minutos, removiendo, hasta que queden ligeramente doradas. Reserve.

2 Corte en dos las achicorias a lo largo y extraiga los corazones. Mezcle el aceite de oliva con el de nuez y barnice bien las achicorias con dos cucharadas de esta mezcla.

3 Acomode las achicorias en la charola, con el lado cortado hacia arriba, y cocine 2–3 minutos o hasta que empiecen a arrugarse. Voltéelas y ase 1–2 minutos más y voltéelas nuevamente.

4 Pele, retire los corazones y corte las peras en rebanadas gruesas. Barnice con una cucharada de los aceites y acomode encima de las achicorias. Ase 3–4 minutos a hasta que ambas queden suaves.

5 Transfiera a 4 platos calientes de servir. Mezcle y bata el resto del aceite con el jugo de limón y el orégano y salpimiente al gusto.

6 Vierta el aderezo sobre las achicorias y peras y esparza las almendras. Decore con el orégano y sirva con el pan ciabatta.

INGREDIENTES
Rinde 4 porciones

50 g/2 oz de almendras sin pelar, picadas grueso

4 achicorias pequeñas

2 cucharadas de aceite de oliva

1 cucharada de aceite de nuez

2 peras maduras y finas

2 cucharaditas de jugo de limón

1 cucharadita de orégano recién picado

sal y pimienta negra recién molida

orégano recién picado, para decorar

pan ciabatta caliente, para servir

Consejo del Chef

Si prepara las peras de esta receta con anticipación, úntelas con jugo de limón para evitar que cambien de color antes de cocinar.

Canelones de Berenjena con Salsa de Berros

1 10 minutos antes de cocinar, precaliente el horno a 190°C/375°F. Corte las berenjenas a lo largo en rebanadas delgadas, desechando las dos orillas. Caliente 2 cucharadas de aceite en una sartén y fría las rebanadas en una sola capa y en grupos, volteándolas una vez, hasta que queden doradas de ambos lados.

2 Mezcle los dos quesos, la albahaca, la pimienta y la sal. Acomode las rebanadas sobre una superficie limpia y úntelas con la mezcla.

3 Enrolle las rebanadas desde el lado delgado para encerrar el relleno. Acomode los rollos con el cierre para abajo en una sola capa en un refractario. Hornee durante 15 minutos o hasta que estén doradas.

4 Para hacer la salsa, blanquee los berros en agua hirviendo durante 30 segundos. Escurra bien y enjuague en un colador con agua fría. Exprima el agua. Vierta el caldo, el chalote, la cáscara de limón y el tomillo en una cacerola. Hierva a fuego alto hasta reducir a la mitad. Retire del fuego y cuele.

5 Vierta los berros y el caldo colado en una licuadora y mezcle hasta obtener una mezcla suave. Regrese a la cacerola, agregue removiendo la crema y el jugo de limón. Salpimiente al gusto. Cocine a fuego suave hasta que quede bien caliente.

6 Vierta un poco de la salsa sobre las berenjenas y el resto en una salsera. Decore los canelones con tallos de berros y cáscara de limón. Sirva de inmediato.

INGREDIENTES
Rinde 4 porciones

4 berenjenas de unos 250 g/9 oz c/u

5–6 cucharadas de aceite de oliva

350 g/12 oz de queso ricota

75 g/3 oz de queso parmesano rallado

3 cucharadas de albahaca recién picada

sal y pimienta negra recién molida

PARA LA SALSA DE BERROS:

75 g/3 oz de berros, desbastados

200 ml/⅓ oz pt de caldo de verduras

1 chalote pelado y rebanado

tira de cáscara de limón

1 tallo grande de tomillo

3 cucharadas de crema ácida

1 cucharadita de jugo de limón

PARA DECORAR:

tallos de berros

cascarita de limón

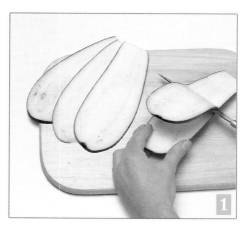

Panzanella

1 Corte el pan en rebanadas gruesas, sin quitarle la costra. Agregue 1 cucharadita de vinagre a una jarra de agua helada. Coloque el pan en un recipiente y agregue el agua hasta cubrir el pan por completo. Deje remojar 3–4 minutos hasta que esté suave.

2 Retire el pan y exprima suavemente, primero con las manos y después con una toalla limpia, para quitar todo exceso de agua. Acomode el pan sobre un plato, cubra con plástico autoadherible y refrigere 1 hora.

3 Mientras tanto, mezcle batiendo el aceite con el resto del vinagre y el jugo de limón en un platón para servir grande. Agregue el ajo y la cebolla. Revuelva para bañar todo bien.

4 Corte el pepino a la mitad y deseche las semillas. Corte el pepino y los tomates en cubos de 1 cm/½ in y agréguelos a la mezcla de cebolla y ajo junto con las aceitunas. Rompa el pan en pedazos tamaño bocadillo y agregue al platón junto con las hojas de albahaca. Mezcle bien y sirva de inmediato con sal de mar y pimienta recién molidas.

INGREDIENTES
Rinde 4 porciones

250 g/9 oz de pan italiano del día anterior

1 cucharada de vinagre de vino tinto

4 cucharadas de aceite de oliva

1 cucharadita de jugo de limón

1 diente de ajo pequeño, pelado y picado finamente

1 cebolla roja, pelada y rebanada finamente

1 pepino, pelado si así lo prefiere

225 g/8 oz de tomates rojos sin semillas

150 g/5 oz de aceitunas negras sin hueso

aproximadamente 20 hojas de albahaca desmenuzados o enteras, si son chicas

sal de mar y pimienta negra recién molida

Consejo Sabroso

Escoja pan italiano de textura abierta, como el ciabatta, para esta clásica ensalada toscana. Busque aceitunas con distintos sabores de marinada. Pruebe chile con ajo, o albahaca, ajo y naranja.

Frittata de Verduras

1 Precaliente la parrilla justo antes de cocinar. Bata ligeramente los huevos con el perejil, el estragón y la mitad del queso. Sazone con pimienta al gusto. (No se necesita sal, porque el pecorino es muy salado.)

2 Suba al hervor una cacerola grande con agua ligeramente salada. Agregue las papitas y hierva 8 minutos. Agregue las zanahorias y cocine 4 minutos. Agregue el brócoli y la calabacita y cocine 3–4 minutos o hasta que todas las verduras queden apenas tiernas. Escurra bien.

3 Caliente el aceite en una sartén pesada de 20.5 cm/ 8 in. Agregue las cebollitas y fría 3–4 minutos o hasta que se suavicen.

Agregue todas las verduras y cocine unos segundos. Agregue la mezcla de huevos.

4 Revuelva suavemente 1 minuto y cocine otros 1–2 minutos más hasta que el fondo de la frittata quede firme y dorado.

5 Coloque la sartén debajo de la parrilla 1 minuto o hasta que esté firme y un poco dorada. Rocíe el resto del queso y parrille otro minuto o hasta que esté ligeramente dorada.

6 Despegue de los costados de la sartén y retire la frittata. Corte en gajos y sirva caliente o tibia con la ensalada y el pan.

Dato Culinario

La frittata es una omelette pesada, hecha generalmente con un relleno de verduras, carne o queso. Se cocina lentamente y con frecuencia se termina en el horno o la parrilla. Es más parecida a la tortilla española que a la clásica omelette francesa.

INGREDIENTES
Rinde 2 porciones

6 huevos

2 cucharadas de perejil picado finamente

1 cucharada de estragón recién picado

25 g/1 oz de queso parmesano o pecorino finamente rallado

pimienta negra recién molida

175 g/6 oz de papitas cambray

2 zanahorias pequeñas, peladas y rebanadas

125 g/4 oz de brócoli cortado en floretes

1 calabacita de 125 g/4 oz, rebanada

2 cucharadas de aceite de oliva

4 cebollita cambray, desbastadas y rebanadas finamente

PARA SERVIR:

ensalada mixta verde

pan italiano con corteza

Panzerotti

1 Cierna la harina y la sal sobre un recipiente. Agregue revolviendo la levadura. Haga un pozo en el centro, agregue el aceite y el agua y mezcle para formar una masa suave. Amase sobre una superficie ligeramente enharinada hasta que quede suave y elástica. Colóquela en un recipiente enaceitado, cubra y mantenga en un lugar tibio mientras prepara el relleno.

2 Para hacer el relleno, caliente el aceite en una sartén y fría la cebolla 5 minutos. Agregue el ajo, el pimiento y la calabacita. Fría más o menos 5 minutos hasta que las verduras estén tiernas. Vierta en un recipiente y deje enfriar ligeramente. Agregue removiendo las aceitunas, el queso y salpimente al gusto.

3 Amase brevemente la masa. Divídala en 16 partes. Forme un círculo de 10 cm/4 in con cada parte. Mezcle el puré de tomate y las hierbas mixtas y unte más o menos una cucharadita en cada círculo. Deje libres 2 cm/¾ in del borde de cada círculo.

4 Divida el relleno entre los círculos. Puede parecer poca mezcla, pero si se rellena demasiado puede derramarse durante la cocción. Barnice los bordes con agua y doble por la mitad para encerrar el relleno. Presione para sellar y pellizque los bordes.

5 Caliente el aceite en la freidora a 180°C/350°F. Fría los panzerotti en grupos durante 3 minutos cada grupo o hasta que se doren. Escurra sobre papel absorbente de cocina y mantenga caliente en el horno a fuego suave hasta que los panzerotti estén listos para servirse. Sirva con arúgula fresca.

Consejo del Chef

Asegúrese de que los panzerotti se dejen en reposo antes de servir. El relleno estará demasiado caliente si están recién fritos.

INGREDIENTES
Para 16 piezas

450 g/1 lb de harina de maíz
1 pizca de sal
1 cucharadita de levadura instantánea
2 cucharadas de aceite de oliva
300 ml/½ pt de agua tibia
arúgula fresca, para servir

PARA EL RELLENO:

1 cucharada de aceite de oliva
1 cebolla roja, pelada y picada finamente
2 dientes de ajo pelados y machacados
½ pimiento amarillo, desvenado y picado
1 calabacita de unos 75 g/3 oz, desbastada y picada
50 g/2 oz de aceitunas sin semillas, en cuartos
125 g/4 oz de queso mozzarella, cortado en cubos pequeños
sal y pimienta negra recién molida
5–6 cucharadas de puré de tomate
1 cucharadita de hierbas mixtas secas
aceite para la freidora

Pasta Primavera

1 Desbaste y corte por la mitad los ejotes. Suba al hervor una cacerola grande con agua ligeramente salada. Cocine los ejotes 4–5 minutos, agregando los chícharos a los 2 minutos de iniciar, para que ambos queden tiernos al mismo tiempo. Escurra y enjuague brevemente con agua fría.

2 Caliente la mantequilla y el aceite en una sartén antiadherente. Agregue las zanahorias y cocine 2 minutos. Agregue revolviendo las calabacitas y los puerros y cocine 10 minutos, revolviendo, hasta que todas las verduras estén casi tiernas.

3 Agregue batiendo la crema y la ralladura de limón a las verduras y deje borbotear a fuego suave hasta reducir la salsa y hasta que las verduras estén cocinadas.

4 Mientras tanto suba al hervor una cacerola grande con agua ligeramente salada y ponga a hervir los tagliatelle 10 minutos o hasta que estén "al dente".

5 Agregue los chícharos, los ejotes, el queso y las hierbas a la salsa. Revuelva 30 segundos o hasta que las verduras estén calientes y el queso derretido.

6 Escurra los tagliatelle, agregue las verduras y la salsa y revuelva suavemente para mezclar. Salpimiente al gusto. Vierta en un platón de servir caliente y decore con tallos de eneldo. Sirva de inmediato.

INGREDIENTES
Rinde 4 porciones

150 g/5 oz de ejotes
150 g/5 oz de chícharo chino
40 g/1½ oz de mantequilla
1 cucharadita de aceite de oliva
225 g/8 oz de zanahorias baby, limpias
2 calabacitas, desbastadas y rebanadas finamente
175 g/6 oz de puerros baby desbastados y cortados en pedazos de 2.5 cm/1 in
200 ml/7 fl oz de crema doble
1 cucharadita de cáscara de limón rallada finamente
350 g/12 oz de tagliatelle seco
25 g/1 oz de queso parmesano rallado
1 cucharada de cebollín recién picados
1 cucharada de eneldo recién picado
sal y pimienta negra recién molida
tallos de eneldo fresco, para decorar

Dato Culinario

Este platillo se prepara en Italia con verduras que se encuentran frescas en la primavera. En otras temporadas, use verduras "baby".

Panna Cotta de Vainilla y Limón con Salsa de Frambuesa

1 Vierta la crema, la vainilla y el azúcar en una cacerola. Suba al hervor y hierva a fuego suave 10 minutos, para reducir un poco. Revuelva para evitar que se queme. Retire del fuego, agregue removiendo la cascarita y retire la vainilla.

2 Remoje la grenetina en leche 5 minutos o hasta que quede suave. Exprima el exceso de leche y agregue la grenetina a la crema caliente. Revuelva bien hasta disolver.

3 Vierta la mezcla en 6 budineras individuales y refrigere 4 horas o hasta que cuaje.

4 Mientras tanto, ponga 175 g/ 6 oz de frambuesas, el azúcar glass y el jugo de limón en una licuadora. Mezcle hasta formar un puré y cuele. Incorpore el resto de las frambuesas con una cuchara de metal o espátula de goma y refrigere hasta el momento de servir.

5 Para servir, remoje a 6 budineras en agua caliente durante unos segundos y vacíe su contenido en 6 platos de servir. Agregue la salsa de frambuesas encima y alrededor de cada panna cotta, decore con más cascarita y sirva.

INGREDIENTES
Rinde 6 porciones

900 ml / 1½ pt crema doble
1 vaina de vainilla, abierta
100 gr / 3½ oz de azúcar refinada
cascarita de 1 limón
3 hojas de grenetina
5 cucharadas de leche
450 g / 1 lb de frambuesas
3–4 cucharadas de azúcar glass, al gusto
1 cucharada jugo de limón
cascarita de limón extra, para decorar

Consejo del Chef

Si no encuentra hojas de grenetina, compre el polvo. Cuatro hojas equivalen a un paquete de polvo. No es necesario remojar el polvo tanto tiempo, pero las hojas dan un acabado más brillante.

Pastel de Queso Ricotta con Salsa de Fresas

1 Precaliente el horno a 170°C/325°F. Forre un molde pastelero de 20.5 cm/8 in con papel encerado. En un procesador, mezcle las galletas con la cascarita hasta dejar picados ambos. Agregue 50 g/2 oz de mantequilla derretida y mezcle. Extienda uniformemente estas mezclas en el fondo del molde. Presione firmemente para que quede en su lugar y reserve.

2 Mezcle la crema, el queso, el azúcar, las semillas de vainilla y los huevos en el procesador. Con el motor en marcha, agregue el resto de la mantequilla y mezcle unos segundos. Vierta la mezcla sobre la base de galletas del molde. Transfiera al horno y cocine 1 hora hasta que los bordes cuajen y se levanten, pero que el centro quede suave. Apague el horno y enfríe en el horno. Después refrigere 8 horas o de preferencia toda la noche.

3 Lave y escurra las fresas. Retire el cáliz y cualquier parte blanda de la fruta. Coloque en el procesador junto con 25 g/1 oz de azúcar y el jugo y la cascarita de naranja. Licúe hasta que quede suave. Agregue el resto del azúcar, al gusto. Cuele para separar las semillas y refrigere hasta que se necesite.

4 Corte el pastel en rebanadas, agregue la salsa de fresa y sirva.

INGREDIENTES
Rinde 6 porciones

125 g/4 oz de galletas graham

100 g/3½ oz de cáscarita confitada, picada

65 g/2½ oz de mantequilla derretida

150 ml/¼ oz de crema ácida

575 g/4 oz de queso ricotta

100 g/3½ oz de azúcar refinada

1 vaina de vainilla, sólo las semillas

2 huevos

225 g/8 oz de fresas

25–50 g/1–2 oz de azúcar refinada, al gusto

cascarita y jugo de 1 naranja

Consejo Sabroso

Este pastel de queso tiene una textura cremosa, en comparación con otros pasteles de queso al horno, por el uso de la crema. Si no encuentra ricotta, sustitúyalo con cualquier queso suave cremoso

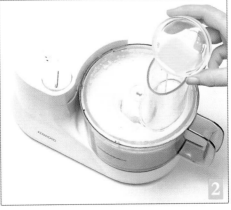

Cantuccini

1 Precaliente el horno a 180°C/ 350°F. Forre una charola para hornear con papel encerado. Mezcle la harina, el azúcar, el polvo para hornear, la esencia de vainilla, los huevos y una yema en la procesadora y bata hasta formar una bola. Raspe las paredes del aparato una o dos veces. Transfiera la bola a una superficie ligeramente enharinada y agregue amasando las almendras y avellanas, picadas y las semillas de anís.

2 Divida la pasta en 3 partes y haga rollos de 4 cm/1½ in de grosor. Acomode los rollos en la charola con 5 cm/2 in de distancia entre ellos. Unte ligeramente con una mezcla de la otra yema batida con 1 cucharada de agua. Hornee 30–35 minutos.

3 Retire del fuego y reduzca la temperatura del horno a 150°C /300°F. Corte los rollos diagonalmente en rebanadas de 2.5 cm/1 in. Acomode sobre la charola, con el lado cortado hacia abajo, y hornee 30-40 minutos hasta que estén secos y firmes. Deje enfriar en una parrilla de alambre y almacene en un contenedor bien sellado. Sirva con Vin Santo o café.

INGREDIENTES
Para 24 galletas

250 g/9 oz de harina

250 g/9 oz de azúcar refinada

½ cucharadita de polvo para hornear

½ cucharadita de esencia de vainilla

2 huevos

1 yema de huevo

100 g/3½ oz de avellanas y almendras mixtas, tostadas y picadas grueso

1 cucharadita de semillas de anís

1 clara de huevo mezclada con 1 cucharada de agua, para glasear

Vin Santo o café, para servir

Dato Culinario

Los "Cantuccini" son panecillos tradicionalmente servidos con Vin Santo, un vino dulce de postre. "Cantucci" son bizcochos más grandes preparados de la misma forma.

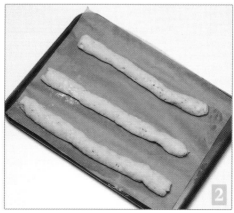

Bizcocho de Almendras y Pistaches

1 Precaliente el horno a 180°C/
350° F. Forre una charola para
hornear con papel encerado. Tueste
ligeramente todas las almendras
molidas y las enteras, así como
los pistaches, y reserve hasta que
se enfríen.

2 Mezcle batiendo los huevos,
la yema y el azúcar glass hasta
que espese. Bata para incorporar la
harina, el polvo para hornear y la sal.
Agregue la cascarita, las almendras y
los pistaches, y mezcle hasta formar
una masa ligeramente pegajosa.

3 Acomode la masa sobre una
superficie enharinada y, con las
manos enharinadas, forme un tronco
de 30 cm/12 in de largo. Acomode
el tronco en el centro de la charola y
hornee 20 minutos.

4 Retire del horno y suba el
fuego a 200°C/400°F. Corte
el tronco diagonalmente en
rebanadas de 2.5 cm/1 in.
Reacomode en la charola, con el
lado cortado hacia abajo, y hornee
otros 10–15 minutos hasta que
quede dorado. Voltee 1 vez a los
10 minutos. Deje enfriar en una
parrilla de alambre. Almacene en
un contenedor bien sellado.

INGREDIENTES
Para 12 bizcochos

125 g/4 oz de almendras molidas
50 g/2 oz de pistaches sin cáscara
50 g/2 oz de almendras peladas
2 huevos
1 yema de huevo
125 g/4 oz de azúcar glass
225 g/8 oz de harina
*1 cucharadita de polvo para
hornear*
pizca de sal
cascarita de ½ limón

Consejo Sabroso

Estos bizcochos son deliciosos si se preparan con un solo tipo
de nuez: intente con avellanas o sólo almendras. Para tostarlas,
coloque en una charola y hornee durante 5–10 minutos en el horno
precalentado a 200°C/400°F, revolviendo ocasionalmente. Si el
fuego es más bajo, hornee más tiempo.

Merengue de Avellanas y Chocolate con Relleno de Castañas

1 Precaliente el horno a 130°C/250°F. Forre 3 charolas para hornear con papel encerado y dibuje un círculo de 20.5 cm/1 in en cada papel.

2 Bata la clara a punto de turrón. Agregue 25 g/1 oz de azúcar y bata hasta que brille. Mezcle el cacao con los 25 g/1 oz del azúcar restante, agregando y batiendo bien una cucharadita a la vez, hasta que se acabe el azúcar y la mezcla quede brillante y tiesa. Extienda la mezcla sobre el círculo de una de las charolas.

3 Pique las avellanas en el procesador. En un recipiente limpio, bata las 2 yemas a punto de turrón. Agregue 50 g/2 oz de azúcar y bata. Agregue batiendo el resto del azúcar, una cucharada a la vez, hasta que se acabe el azúcar y la mezcla quede brillante y tiesa.

4 Reserve 2 cucharadas de las avellanas e incorpore el resto con un movimiento envolvente a la mezcla. Reparta entre las 2 charolas. Espolvoree uno de los merengues de avellana con las avellanas reservadas. Acomode las tres charolas en el horno y hornee 1½ horas. Apague el horno y deje las charolas en el mismo hasta que se enfríen.

5 Bata la crema hasta que espese. En otro recipiente, bata el puré hasta que se suavice. Agregue una cucharada de la crema y envuelva suavemente antes de agregar envolviendo suavemente el resto de la crema y el chocolate derretido.

6 Acomode el merengue de avellana sencillo sobre un platón de servir. Cubra con la mitad de la mezcla del puré y crema. Agregue el merengue de chocolate y cubra con el resto de la mezcla. Agregue el último merengue. Salpique con las ralladuras de chocolate y sirva.

INGREDIENTES
Rinde 8–10 porciones

PARA EL MERENGUE DE CHOCOLATE:
1 clara de huevo
50 g/2 oz de azúcar refinada
2 cucharadas de polvo de cacao

PARA EL MERENGUE DE AVELLANAS:
75 g/3 oz de avellanas tostadas
2 claras de huevo
125 g/4 oz de azúcar refinada

PARA EL RELLENO:
300 ml/½ pt de crema doble
1 lata de 250 g de puré de castañas endulzado
50 g/2 oz de chocolate oscuro derretido
25 g/1 oz de chocolate oscuro rallado

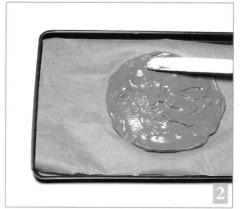

Bomba Siciliana

1 Derrita el chocolate en baño maría y deje enfriar. Mezcle la natilla con la crema para batir y el chocolate tibio. Pase a cucharadas a un recipiente con tapa y congele. Cada 2 horas, bata muy bien con la batidora eléctrica o de alambre. Repita la operación 3 veces y deje congelar. Sumerja la cascarita, las cerezas y las pasas en el ron y reserve.

2 Enfríe un molde budinero de 1 litro/1¾ pt en el congelador durante unos 30 minutos. Retire del congelador el helado de chocolate para que se ponga suave. Deposite el chocolate en el molde y presione con fuerza hacia abajo. Allane los lados y deje un hueco en el centro. Regrese al congelador por 1 hora o hasta que esté completamente congelado.

3 Saque el helado de vainilla del congelador para que se suavice. Agregue al hueco del molde, pero deje otro hueco en el centro para la crema. Vuelva a congelar completamente, hasta que endurezca.

4 Bata la crema y el azúcar hasta que se incorporen, cuando empiece a entiesar, agregue la fruta bañada, removiendo suavemente. Retire el molde del congelador y agregue la mezcla de crema. Regrese al congelador al menos 1 hora.

5 Al momento de servir, retire del congelador, coloque el molde unos segundos en agua caliente y desmolde sobre un platón de servir. Remoje un cuchillo en agua caliente y corte en gajos para servir.

INGREDIENTES
Rinde 6–8 porciones

100 g/3½ oz de chocolate partido en piezas

200 g/7 oz de natillas frescas refrigeradas

150 ml/¼ pt de crema para batir

25 g/1 oz de cascarita confitada, picada finamente

25 g/1 oz de cerezas glaseadas, picadas

25 g/1 oz de pasas sin semilla

3 cucharadas de ron

225 g/8 oz de helado de vainilla de buena calidad

200 ml/¼ pt de crema doble

3 cucharadas de azúcar refinada

Consejo Sabroso

Para obtener mejor sabor, compre cascarita confitada entera. Córtela con tijeras en tiras y píquelas a lo ancho en trozos pequeños.

Semifreddo de Frutas de Verano

1 Lave, desholleje o quite los tallos de la fruta. Vierta en una licuadora o procesador la fruta con el azúcar glass y el jugo de limón. Forme un puré, pase a una jarra y refrigere hasta necesitarlo.

2 Quite las semillas de la vaina de vainilla raspando el interior con la parte roma de un cuchillo. Agregue las semillas al azúcar y las yemas de huevo. Bata hasta que quede pálido y espeso.

3 En otro recipiente, bata la crema hasta que esté en picos. No bata demasiado. En un tercer recipiente, bata las claras con la sal a punto de turrón.

4 Con una cuchara grande de metal –para no expulsar aire de la mezcla–, incorpore envolviendo suavemente el puré, la mezcla de yemas, la crema y las claras. Vierta a un contenedor redondo con tapa. Deje en el congelador hasta que esté casi congelado. Si se congela, descongele un poco en el refrigerador. Cuando esté semidescongelado, retire del contenedor y corte en rebanadas. Sirva decorado con grosellas frescas. Si la mezcla se descongela completamente, coma de inmediato y no vuelva a congelar.

INGREDIENTES
Rinde 6–8 porciones

225 g/8 oz de frambuesas
125 g/4 oz de moras azules
125 g/4 oz de grosellas
50 g/2 oz de azúcar glass
jugo de 1 limón
1 vaina de vainilla, abierta
50 g/2 oz de azúcar
4 huevos, separados
600 ml/1 pt de crema doble
pizca de sal
grosellas frescas, para decorar

Consejo Sabroso

Use la mezcla de huevo y crema como base para muchos otros sabores, tales como praline, chocolate y otras moras.

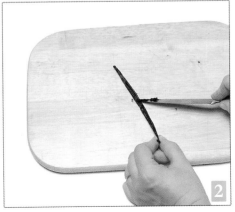

Cassatta

1 Forre con plástico autoadherible un molde de panqué de 450 g/1 lb y guarde en el congelador. Derrita 100 g/3 oz del chocolate en un refractario a baño maría, bata hasta suavizar y después deje enfriar. Coloque la natilla en un recipiente. Agregue la crema y el chocolate y bata hasta que tenga una mezcla uniforme. Pase a cucharadas a un contenedor poco profundo y con tapa y coloque en el congelador. Cada 2 horas, sáquelo del congelador y bata muy bien con una batidora eléctrica. Repita este procedimiento 3 veces y luego deje congelar completamente.

2 Saque el helado de chocolate del congelador para que se suavice. Saque el molde de panqué del congelador y extienda el helado de chocolate en el fondo del molde, presionando con fuerza y permitiendo que suba un poco a los lados del molde. Regrese al congelador y deje endurecer.

3 Suavice el helado de pistache y luego incorpore batiendo los pistaches, la cascarita y las cerezas. Pase a cucharadas al molde, presionando bien y alisando la superficie. Regrese al congelador para que se endurezca. Suavice el helado de fresa y extienda sobre el helado de pistache. Alise la parte superior. Congele por lo menos 1 hora, o hasta que esté completamente sólido.

4 Mientras tanto, derrita el chocolate restante, bata hasta que suavice y deje enfriar un poco. Saque el molde del congelador, póngalo sobre agua caliente y desmolde el helado en un platón de servir. Con una cucharita, distribuya el chocolate sobre la superficie, haciendo un dibujo de trazos sueltos. Regrese la cassatta al congelador, hasta que el chocolate se haya endurecido. Rebánela con un cuchillo que se ha sumergido en agua caliente. Sirva de inmediato.

INGREDIENTES
Rinde 6–8 porciones

300 g/11 oz de chocolate partido en pedazos

200 g/7 oz de natilla fresca refrigerada

150 ml/¼ pt de crema para batir

275 g/10 oz de helado de pistache de buena calidad

25 g/1 oz de pistaches sin pelar, tostados

50 g/2 oz de cascarita confitada, picada finamente

25 g/1 oz de cerezas glaseadas picadas finamente

275 g/10 oz de helado de fresa de buena calidad

Consejo Sabroso

Para hacer su propio helado de pistache, tueste 50 g/2 oz de pistaches con su cáscara. Cuando enfríen, pele y pique finamente. Siga la receta para helado de chocolate, pero sin el chocolate. Mezcle envolviendo suavemente los pistaches con la crema. Agregue unas gotas de colorante de alimentos verde, si lo desea.

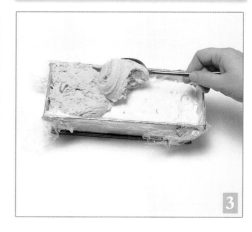

Pastel de Mazapán

1 Muela finamente las almendras peladas. Mezcle con 200 g/ 7 oz de azúcar glass. Bata las claras a punto de turrón y agregue a las almendras con una cuchara de metal o espátula de goma, envolviendo suavemente hasta formar una masa pegajosa. Deje en reposo 30 minutos. La masa seguirá pegajosa pero quedará firme durante el reposo.

2 Espolvoree generosamente con azúcar glass una superficie de trabajo para evitar que se pegue el mazapán. Con dos tercios de la masa, forme una hoja grande de 5 mm/¼ in de grueso para forrar una charola de hornear con paredes inclinadas y que tenga una base de 25.5 x 20.5 cm/10 x 8 in. Recorte los bordes y agréguelos al resto del mazapán.

3 Corte el pastel de limón en rebanadas delgadas y prepare una capa esponjosa para cubrir la base del mazapán. Rocíe con el vino. Mezcle el queso con azúcar refinada y agregue la cáscara de limón, las cascaritas confitadas y las cerezas. Unte la mezcla sobre la esponja. Rebane los duraznos y acomódelos sobre el queso. Bata la crema y extiéndala sobre los duraznos. Extiénda con un rodillo el resto de la masa de almendras y haga una hoja para cubrir la crema y sellar el pastel. Presione suavemente la hoja para sacar el aire. Una los bordes del mazapán. Refrigere 2 horas.

4 Desmolde el pastel en un platón de servir y espolvoree generosamente con azúcar glass. Sirva de inmediato.

INGREDIENTES
Rinde 12–14 porciones

450 g/1 lb de almendras peladas

300 g/11 oz de azúcar glass (incluye azúcar para espolvorear y para extender)

4 claras de huevo

125 g/4 oz de pastel esponjado de limón

2 cucharadas de vino Marsala

225 g/8 oz de queso ricotta

50 g/2 oz de azúcar refinada

cáscara rallada de 1 limón

50 g/2 oz de cáscara confitada, picada finamente

25 g/1 oz de cerezas glaseadas, finamente picadas

1 lata de 425 g de duraznos en motades, escurridos

200 ml/⅓ pt de crema doble

Consejo del Chef

El mazapán hecho en casa es más pegajoso que el comercial. Use bastante azúcar glass al extender la masa con el rodillo. También espolvoree generosamente la charola.

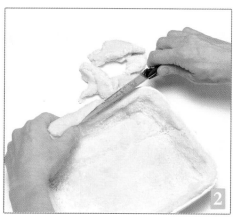

Pastel de Castañas

1 Precaliente el horno a 150°C/ 300° F. Enaceite y forre un molde pastelero con cierre. Bata la mantequilla con el azúcar hasta que esté ligera y airosa. Agregue el puré de castaña y bata. Incorpore gradualmente los huevos, batiendo antes de agregar el siguiente. Cierna la harina con el polvo para hornear y el clavo. Agregue las semillas de hinojo y bata. La mezcla deberá caer de una cuchara de madera fácilmente al golpearla contra el recipiente. Si no, agregue un poco de leche.

2 Incorpore batiendo las pasas y los piñones. Pase a cucharadas la mezcla al molde y nivele la superficie. Acomode el molde en el centro del horno y hornee 55–60 minutos o hasta que se puede insertar un palillo en el centro del pastel y éste salga limpio. Retire del horno y deje en el molde.

3 Mientras tanto, mezcle el azúcar glass con el jugo de limón en una cacerola pequeña hasta que quede suave. Caliente a fuego suave hasta que esté caliente, pero no hierva. Con un palillo haga perforaciones por todo el pastel. Vierta el jarabe sobre el pastel y deje que penetre. Decore con la cáscara de limón y sirva.

INGREDIENTES
Rinde 8–10 porciones

175 g/6 oz de mantequilla suave
175 g/6 oz de azúcar refinada
1 lata de 250 g de puré de castaña endulzado
3 huevos ligeramente batidos
175 g/6 oz de harina
1 cucharadita de polvo para hornear
pizca de clavo molido
1 cucharadita semillas de de hinojo, machacadas
75 g/3 oz de pasas
50 g/2 oz de piñones tostados
125 g/4 oz de azúcar glass
5 cucharadas de jugo de limón
tiras cortadas de cáscara de limón, para decorar

Consejo sabroso

Hay 2 métodos para tostar piñones. Vierta los piñones en una sartén seca y caliente y revuelva frecuentemente hasta que queden dorados por ambos lados, transfiera inmediatamente a un platón y enfríe. O bien, puede acomodarlos en una charola para hornear y pasarlos al horno precalentado a 200°C/400°F durante 3–5 minutos, revisando con frecuencia, puesto que se queman fácilmente. Retire del horno, pase a un plato y deje enfriar.

Pastel de Sauternes y Aceite de Oliva

1 Precaliente el horno a 140°C/ 275°F. Enaceite y forre un molde para pastel con cierre de 25.5 cm/10 in. Cierna la harina sobre una hoja grande de papel encerado y reserve. Bata los huevos y el azúcar con una batidora eléctrica hasta que quede pálido y tieso. Agregue las cáscara de limón y naranja.

2 Baje la velocidad y vierta la harina del papel a la mezcla con un chorro lento y constante. Agregue inmediatamente el vino y el aceite y apague la máquina para no incorporar el aceite completamente.

3 Pase una espátula de goma suavemente 3–4 veces por la mezcla para apenas incorporar los ingredientes. Vierta la mezcla inmediatamente en el molde y hornee 20–25 minutos, sin abrir el horno los primeros 15. Pruebe si

está listo presionando la superficie con un dedo limpio: si rebota el pastel, retire del horno; si no, hornee un poco más.

4 Deje el pastel en el molde sobre una parrilla de metal para enfriarlo. Retire del molde cuando esté suficientemente frío para tocarlo.

5 Mientras tanto, pele los duraznos y córtelos en gajos. Mézclelos con el azúcar morena y el jugo de limón. Reserve. Cuando esté frío el pastel, espolvoree generosamente con azúcar glass, corte en rebanadas y sirva con los duraznos.

INGREDIENTES
Rinde 8–10 porciones

125 g/4 oz de harina, más un poco para espolvorear

4 huevos

125 g/4 oz de azúcar refinada

cáscara rallada de ½ limón

cáscara rallada de ½ naranja

2 cucharadas de vino Sauternes u otro vino dulce de postre

3 cucharadas de aceite de oliva extra virgen de la mejor calidad

4 duraznos maduros

1–2 cucharaditas de azúcar morena, o al gusto

1 cucharada de jugo de limón

azúcar glass, para espolvorear

Consejo del Chef

Tenga cuidado en el paso 3. Al incorporar suavemente envolviendo, no se exceda, puesto que el pastel quedará muy pesado.

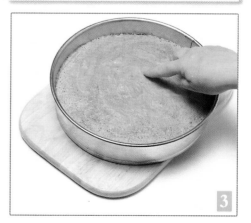

Suflé de Amaretti Helado con Fresas

1 Forre un molde de suflé de 900 ml/1½ pt o 6–8 budineras individuales con papel encerado cuya orilla se extienda 5 cm/2 in encima del borde y asegure con un hilo. Rompa las galletas en un recipiente. Agregue 6 cucharadas de amaretto y deje remojar.

2 Ponga la cáscara y el jugo de limón en un pequeño refractario y agregue la grenetina. Deje esponjar durante 5 minutos. Ponga en baño maría, asegúrese de que el fondo del recipiente no toque el agua y revuelva ocasionalmente hasta disolver la grenetina por completo.

3 En un recipiente limpio, bata las yemas de huevo y el azúcar hasta que estén pálidas y espesas. Incorpore la grenetina y las galletas remojadas. En otro recipiente, bata ligeramente 450 ml/¾ pt de crema. Agregue la mezcla envolviendo suavemente con una espátula de goma o una cuchara de metal. En un tercer recipiente limpio, bata las

claras a punto de turrón y agregue a la mezcla de suflé. Transfiera al molde o a las budineras y nivele la superficie. Congele al menos 8 horas, preferiblemente toda la noche.

4 Ponga las fresas en un recipiente con la vaina de vainilla y semillas, azúcar y el resto del amaretto. Refrigere toda la noche, y deje que llegue a temperatura ambiente antes de servir.

5 Guarde el suflé en el refrigerador 1 hora, más o menos. Bata el resto de la crema y decore el suflé. Espolvoree con las galletas machacadas y sirva con las fresas.

INGREDIENTES
Rinde 6–8 porciones

125 g/4 oz de galletas amaretti
9 cucharadas de licor de amaretto
cáscara rallada y jugo de 1 limón
1 cucharada de grenetina en polvo
6 huevos separados
175 g/6 oz de azúcar morena
600 ml/1 pt de crema doble
450 g/1 lb de fresas frescas, cortadas a la mitad si son grandes
1 vaina de vainilla, abierta, y las semillas reservadas
2 cucharadas de azúcar refinada
algunas galletas amaretti machacadas finamente, para decorar

Consejo del Chef

Al hacer helados es importante bajar la temperatura del congelador al nivel más bajo 2 horas antes. No olvide graduarlo a temperatura de congelación normal después.

Duraznos con Ameretti al Horno

1 Precaliente el horno a 180°C/ 350°F. Parta los duraznos en mitades y retire los huesos. Corte una delgada rebanada de la base de cada mitad para poder asentarlas bien sobre la charola para hornear. Bañe las mitades en jugo de limón y acomode en una charola.

2 Machaque ligeramente las galletas y póngalas en un recipiente grande. Agregue las almendras, los piñones, el azúcar, la cáscara de limón y la mantequilla. Trabaje la mezcla con la punta de los dedos hasta que parezca toscas migas de pan. Agregue la yema y mezcle bien hasta que casi estén ligados.

3 Reparta la mezcla de galletas entre las mitades de durazno, presionando ligeramente. Hornee 15 minutos o hasta que los duraznos queden tiernos y el relleno dorado. Retire del horno y bañe con la miel.

4 Acomode 2 mitades de durazno sobre cada plato de servir y agregue la crema o el jocoque y sirva.

INGREDIENTES
Rinde 4 porciones

4 duraznos maduros

cáscara rallada y jugo de 1 limón

75 g/3 oz de galletas amaretti

50 g/2 oz de almendras peladas, picadas y tostadas

50 g/2 oz de piñones tostados

40 g/1½ oz de azúcar moscabado

50 g/2 oz de mantequilla

yema de 1 huevo

2 cucharaditas de miel ligera

crema agria o jocoque para servir

Consejo Sabroso

Si no consugue duraznos frescos, use nectarinas. Otra opción es usar duraznos en mitades enlatados, empacados e su jugo y no en almíbar. Puede cambiar el relleno de acuerdo con su preferencia, por ejemplo, con almendras molidas, azúcar refinada, bizcochos crijuentes y cascara de limón, empapados en jerez.

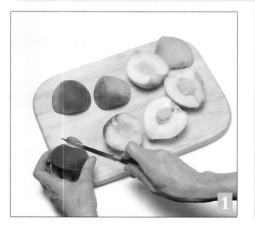

Tarta de Almendras y Piñones

1 Precaliente el horno a 200°C/ 400°F. Extienda la masa y forre con ella un molde orlado para flan. Refrigere 10 minutos. Forre la masa con papel encerado y agregue piedras para hornear. Hornee 10 minutos sin abrir el horno. Retire el papel y las piedras y hornee otros 10–12 minutos hasta que esté listo. Deje enfriar. Reduzca la temperatura del horno a 190°C/375°F.

2 Muela las almendras finamente en un procesador. Agregue el azúcar, la sal, los huevos y las esencias de almendra y vainilla y licúe. Agregue la mantequilla, la harina y el polvo para hornear. Mezcle hasta que quede suave.

3 Distribuya una capa gruesa de mermelada sobre la costra del pastel y vierta encima el relleno de almendras. Espolvoree los piñones uniformemente y hornee 30 minutos hasta que quede firme y dorado.

4 Retire la tarta del horno y enfríe. Espolvoree generosamente el azúcar glass, corte en rebanadas y sirva con la crema.

INGREDIENTES
Rinde 6 porciones

250 g/9 oz de masa dulce comercial para tartas

75 g/3 oz de almendras peladas

75 g/3 oz de azúcar refinada

pizca de sal

2 huevos

1 cucharadita de esencia de vainilla

2–3 gotas de esencia de almendra

125 g/4 oz de mantequilla sin sal, suavizada

2 cucharadas de harina

½ cucharadita de polvo para hornear

3–4 cucharadas de jalea de frambuesa

50 g/2 oz de piñones

azúcar glass, para decorar

crema para batir, para servir

Consejo Sabroso

Mezcle 175 g/6 oz de harina con 75 g/3 oz de mantequilla fría en cubos en un procesador hasta que parezcan migas de pan. Agregue 25 g/1 oz de azúcar refinada y mezcle. Mezcle 1 yema de huevo con 2 cucharadas de agua fría. Vierta al procesador. Pulse hasta que la mezcla comience a formar una bola, agregando más agua si es necesario. Deposite en una superficie enharinada y amase hasta que quede suave. Envuelva y refrigere al menos 30 minutos.

Café Ricotta

1 15 minutos antes de hornear, precaliente el horno a 220°C/ 425°F. Bata juntos el queso y la crema hasta que queden suaves. Agregue revolviendo el café, azúcar y brandy. Cubra y refrigere al menos 2 horas (cuanto más tiempo, mejor sabor). Mientras tanto, enaceite 2 charolas para hornear y cubra con papel encerado.

2 Bata la mantequilla y el azúcar hasta que esponje. Batiendo, agregue lentamente el huevo. Sobre un recipiente, cierna la harina y agréguela a la mezcla de mantequilla removiendo suavemente para hacer una masa suave. Introduzca la mezcla a una manga con boquilla plana de 1 cm/½ in. Exprima la masa en tiras de 7.5 cm/3 in, bien separadas la una de la otra, sobre la charola de hornear. Use un cuchillo filoso para cortar limpiamente la masa de la boquilla.

3 Hornee 6–8 minutos o hasta que estén doradas en los costados. Deje enfriar en el molde un poco para después transferirlas a una parrilla y enfriarlas completamente.

4 Para servir, acomode la mezcla de café y ricotta en tazas pequeñas de café. Sirva con las galletas.

INGREDIENTES
Rinde 6 porciones

700 g/1½ oz de queso ricotta fresco

125 ml/4 fl oz de crema doble

25 g/oz de granos para café espresso recién molidos

4 cucharadas de azúcar refinado

3 cucharadas de brandy

50 g/2 oz de mantequilla suavizada

75 g/3 oz de azúcar refinada

1 huevo batido

50 g/2 oz de harina

Consejo del Chef

Cuando introduzca la mezcla a la manga, hágalo muy cuidadosamente para evitar que se formen bolsas de aire. Esto ayudará a exprimir la mezcla con uniformidad.

Zabaglione con Compota de Pasas en Ron

1 Acomode las pasas en un recipiente pequeño con la cascarita de limón y la canela. Vierta el vino Marsala hasta cubrir la mezcla y macere por lo menos una hora. Cuando las pasas engorden, retire el vino y reserve las pasas y el vino. Deseche la cascarita.

2 En un refractario grande, mezcle las yemas y el azúcar. Agregue el vino blanco al Marsala, revuelva para combinar bien. Ponga en baño maría batiendo bien, hasta que el volumen de la mezcla se duplique. Asegúrese de que el fondo del recipiente no toque el agua.

3 Retire del fuego y siga batiendo durante minutos, hasta que la mezcla se haya enfriado un poco. Agregue las pasas con un movimiento envolvente e inmediatamente después agregue envolviendo suavemente la crema. Vierta en copas de postre y sirva con las galletas.

INGREDIENTES
Rinde 6 porciones

2 cucharadas de pasas

1 tira de cascarita de limón pelada finamente

½ cucharadita de canela molida

3 cucharadas de vino Marsala

3 yemas de huevo

3 cucharadas de azúcar refinada

125 ml / 4 fl oz de vino blanco seco

150 ml / ¼ pt de crema doble, ligeramente batida

galletas crujientes, para servir

Dato Culinario

Zabaglione, una mezcla italiana de huevos, azúcar y vino, es casi idéntica a "sabayon", que es una mezcla francesa de los mismos ingredientes. Haga zabaglione como en esta receta pero sin las pasas. Sirva con peras poché, frutas de verano o sirva solo en copas de postre.

Tarta de Frambuesas y Almendras

1 15 minutos antes de cocinar, precaliente el horno a 200°C/400°F. Mezcle la harina, sal y mantequilla en un procesador hasta que la mezcla se parezca a migas de pan. Agregue el azúcar y la cáscara de limón y mezcle 1 minuto. Mezcle la yema con 2 cucharadas de agua fría y agregue a la mezcla. Mezcle hasta incorporar bien los ingredientes, agregando más agua si es necesario. Pase a una superficie ligeramente enharinada. Amase hasta que quede suave. Envuelva en plástico autoadherible y refrigere 30 minutos.

2 Extienda la masa en una superficie ligeramente enharinada hasta dejarla delgada y forre con ésta un molde para tarta de 23 cm/9 in. Refrigere 10 minutos. Forre el pastel con papel encerado y ponga encima piedras para hornear. Hornee 10 minutos, retire el papel y las piedras y hornee otros 10–12 minutos hasta que esté listo. Deje enfriar un poco y baje la temperatura del horno a 190°C/375°F.

3 Mezcle la mantequilla con el azúcar, las almendras molidas y los huevos hasta que esté suave. Distribuya las frambuesas en la base del pastel y cúbralas con la mezcla de almendras. Hornee 15 minutos. Retire del fuego y espolvoree con los copos de almendra y con una cantidad generosa de azúcar glass. Hornee otros 15–20 minutos o hasta que esté firme y dorado. Deje enfriar y sirva.

INGREDIENTES
Rinde 6–8 porciones

PARA LA COSTRA:
225 g/8 oz de harina
pizca de sal
125 g/4 oz de mantequilla cortada en piezas
50 g/2 oz de azúcar refinada
cáscara rallada de ½ limón
1 yema de huevo

PARA EL RELLENO:
75 g/3 oz de mantequilla
75 g/3 oz de azúcar refinada
75 g/3 oz de almendras molidas
2 huevos
225 g/8 oz de frambuesas, descongeladas si son congeladas
2 cucharadas de láminas o copos de almendra
azúcar glass, para espolvorear

Consejo Sabroso

No use frambuesas. En su lugar, distribuya la mezcla de almendras en la base del pastel y cubra con mitades de peras poché o mitades de peras enlatadas escurridas. Agregue los copos de almendra y hornee.

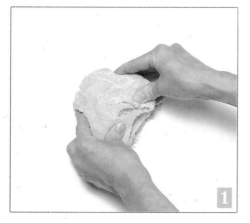

Tarta de Queso de Cabra y Limón

1 15 minutos antes de cocinar, precaliente el horno a 200°C/400°F. Revuelque la mantequilla en la harina y la sal hasta que la mezcla parezca migas de pan. Agregue revolviendo el azúcar. Bata la yema con dos cucharadas de agua fría y agregue a la mezcla. Mezcle hasta formar una masa. Acomode la masa sobre una superficie ligeramente enharinada y amase hasta que quede suave. Refrigere 30 minutos.

2 Extienda la masa sobre una superficie ligeramente enharinada hasta dejarla delgada y forre un molde budinero orlado de 23 cm/9 in y 4 cm/1½ in de profundidad con la masa. Refrigere 10 minutos. Forre el budinero con papel encerado y piedras para hornear o papel de aluminio y hornee 10 minutos sin abrir el horno. Retire las piedras y el papel o el papel aluminio encerado.

Hornee otros 12–15 minutos o hasta que esté listo. Deje enfriar y reduzca la temperatura del horno a 150°C/300°F.

3 Bata el queso hasta que quede suave. Agregue batiendo los huevos, el azúcar, la cáscara y el jugo de limón. Agregue la crema y mezcle bien.

4 Cuidadosamente vierta la mezcla en el molde de la costra. Hornee 35–40 minutos o hasta que esté firme. Si se pone dorado o se hincha, abra la puerta del horno 2 minutos y reduzca la temperatura a 120°C/250°F. Deje que la tarta enfríe un poco en el horno. Refrigere hasta que esté fría. Decore y sirva con las frambuesas.

INGREDIENTES
Rinde 8–10 porciones

PARA LA COSTRA:
125 g/4 oz de mantequilla cortada en piezas pequeñas
225 g/8 oz de harina
pizca de sal
50 g/2 oz de azúcar refinada
1 yema de huevo

PARA EL RELLENO:
350 g/12 oz de queso fresco ligero de cabra, como el chavroux
3 huevos batidos
150 g/5 oz de azúcar refinada
cáscara rallada y jugo de 3 limones
450 ml/¾ pt de crema doble
frambuesas frescas, para decorar y servir

Consejo Sabroso

El queso de cabra agrega un sabor picante y diferente a esta tarta. Si lo prefiere, sustitúyalo con un queso graso o ricotta.

Tiramisu

1 Enaceite ligeramente y forre con plástico autoadherible un molde panadero de 900 g/2 lb. Acomode el mascarpone y el azúcar en un recipiente grande. Con una espátula de goma, bata hasta que quede suave. Agregue batiendo 2 cucharadas de café y mezcle muy bien.

2 Bata la crema con una cucharada del licor hasta que espese. Agregue batiendo una cucharada de la crema al mascarpone y después agregue el resto de la crema envolviendo suavemente. Vierta la mitad de la mezcla en el molde y alise la superficie.

3 Vierta el resto del café y el licor a un contenedor poco profundo y algo más grande que las galletas. Remoje un lado de la mitad de las galletas en el café y acomódelas sobre la mezcla en una sola cama. Vierta el resto de la mezcla a las galletas y alise la superficie.

4 Remoje el resto de las galletas con el café y acomódelas sobre la mezcla. Vierta a la mezcla el resto del café. Cubra con papel autoadherible y refrigere 4 horas.

5 Cuidadosamente vacíe el molde sobre un platón grande de servir y rocíe el chocolate rallado. Espolvoree el cacao, corte en rebanadas y sirva con las moras.

INGREDIENTES
Rinde 4 porciones

225 g/8 oz de queso mascarpone
25 g/1 oz de azúcar glass, cernida
150 ml/¼ pt de café fuerte,
  refrigerado
300 ml/½ pt de crema doble
3 cucharadas de licor de café
125 g/4 oz de galletas savoiardi,
  soletas o lenguas de gato
50 g/2 oz de chocolate oscuro,
  rallado o laminado en rizos
  pequeños
polvo de cacao, para espolvorear
moras de verano mixtas,
  para servir

Dato Culinario

Este clásico postre italiano aparece en todo tipo de formas en casi todos los libros de cocina italianos. "Tiramisu" quiere decir "levántame".

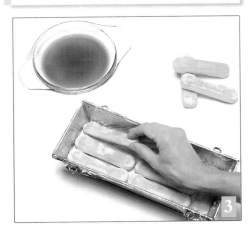

Canneloni con Queso Ricotta

1 Bata la mantequilla con 25 g/1 oz de azúcar hasta que quede suave y esponjosa. Agregue el vino blanco y la sal y mezcle bien. Incorpore con un movimiento envolvente la harina y amase hasta formar una masa suave. Reserve 2 horas.

2 Enharine ligeramente una superficie de trabajo y extienda la masa hasta darle ½ cm/¼ in de espesor. Corte en cuadros de 12.5 cm/5 in. Envuelva la masa alrededor de los moldes de canelones y selle con el huevo batido. Haga 3–4 a la vez.

3 Caliente el aceite a 180°C/350°F en la freidora y fría los canelones 1–2 minutos o hasta que queden hinchados y dorados. Escurra bien sobre papel absorbente de cocina y deje enfriar hasta que pueda retirar los moldes. Repita hasta terminar con todos los canelones.

4 Bata el queso ricotta con 125 g/4 oz de azúcar, el agua de naranja y la esencia de vainilla hasta que quede cremoso. Agregue las cerezas, la angélica, la cáscara confitada y el chocolate. Rellene cada cannoli con una manga con boquilla grande plana o con una cuchara pequeña. Espolvoree con el azúcar glass y sirva tibio pero no frío.

Consejo del Chef

No es fácil encontrar moldes pare canelones fuera de Italia. En su lugar use piezas de bambú de 2.5 cm/1 in de grueso, muy bien lavadas.

INGREDIENTES
Para 24 piezas

PARA EL PASTEL:
25 g/1 oz de mantequilla
25 g/1 oz de azúcar refinada
3 cucharadas de vino blanco seco
pizca de sal
150 g/5 oz de harina
1 huevo ligeramente batido
aceite vegetal, para la freidora

PARA EL RELLENO:
450 g/1 lb de queso ricotta
125 g/4 oz de azúcar refinada
2 cucharadas de agua de naranja
1 cucharadita de esencia de vainilla
50 g/2 oz de cerezas glaseadas y picadas
50 g/2 oz de angélica picada
125 g/4 oz de cáscara confitada, picada
75 g/3 oz de chocolate oscuro picado finamente
azúcar glass, para espolvorear

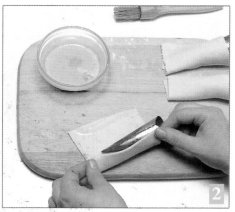

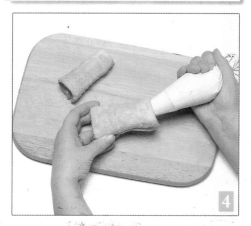

ÍNDICE